創造力の翼を広げる

# 宮崎 駿の言葉

桑原晃弥

# 心から好きだと言える仕事に邁進する

宮崎駿が監督したスタジオジブリ作品（劇場長編アニメーション作品）は11作品あります。制作順に「風の谷のナウシカ」（1984年）、「天空の城ラピュタ」（1986年）、「となりのトトロ」（1988年）、「魔女の宅急便」（1989年）、「紅の豚」（1992年）、「もののけ姫」（1997年）、「千と千尋の神隠し」（2001年）、「ハウルの動く城」（2004年）、「崖の上のポニョ」（2008年）、「風立ちぬ」（2013年）、「君たちはどう生きるか」（2023年）となります。

1本も観たことがないという人はほとんどいないのではないかと思えるほど、宮崎駿の作品は、劇場はもちろん、テレビやDVDなどでも広く観られています。どんな名作でも、年月が経ち、時代が変わるにつれて観られなくなるものですが、宮崎駿の作品はテレビで繰り返し放送されても、そのたびに高い視聴率を記録します。それだけ多くの人に愛される作品だということでしょう。

その圧倒的な支持の背景にあるのは、宮崎が作品づくりで大切にしている子どもたちへの「生まれてきてよかったね」というメッセージなのではないでしょうか。

宮崎は１９４１年、東京の文京区で生まれています。戦争中の生まれですが、父親や伯父が中島飛行機に部品などを供給する会社（宮崎飛行機）を経営していたこともあり、疎開経験はあっても、飢えに苦しんだ経験はほとんどないと語っています。小学４年生で疎開先の栃木県から東京に戻りますが、宮崎は当時のことを「兄貴が（中略）学校一番の暴れ者で、その庇護の下に育った」（『風の谷のナウシカＧＵＩＤＥ ＢＯＯＫ』）と振り返っています。

その後、宮崎は都立豊多摩高等学校を経て、学習院大学へ進学します。小学生の頃から手塚治虫の作品が好きだったこともあり、一時は漫画家を志し、実際に出版社に作品を持ち込んだこともありました。

しかし、卒業後の進路に選んだのは、漫画家ではなくアニメーターの道でした。高校時代に日本初のカラー長編アニメーション映画「白蛇伝」を観て以来、アニメーションに興味を持っていたこともあり、東映動画に入社したのです。「太陽の王子 ホルスの大冒険」や「狼少年ケン」「魔法使いサリー」など多くの作品に携わりますが、この時期に特筆すべきは、長年のパートナーとなる高畑勲との出会いでしょう。また、同じ時期、アニメーション映画「雪の女王」に感銘を受け、アニメーターとして生きる覚悟ができたと話しています。

その後、Aプロダクション、ズイヨー映像を経て日本アニメーションに移籍、1978年にNHK初の全編オリジナル国産アニメシリーズ「未来少年コナン」で初めて演出を手掛けることになります。そして、1979年に初の劇場用長編アニメーション「ルパン三世 カリオストロの城」の監督・脚本・絵コンテを手掛けました。ところが、この作品は興行的には期待通りの成績を上げることはできませんでした。「ルパン三世〜」は、その後に高い支持を受けることになりますが、当時は興行面での不振が影響し、宮崎は作品をつくる機会を失うことになります。

転機は1981年、40歳のときに訪れます。徳間書店の『アニメージュ』という雑誌が初めての宮崎駿特集を掲載。宮崎はのちにスタジオジブリをともに設立することになる編集担当の鈴木敏夫の協力を得て、映画の企画の提出や、「風の谷のナウシカ」の漫画連載を始めるようになります。

この連載がもとになり、1984年に映画「風の谷のナウシカ」が完成。大ヒットしたことにより、宮崎の長編アニメーション映画が次々と制作されるようになります。

宮崎はこれまで数々の映画賞を受賞し、今や大ヒット作を何本も持つ国民的映画監督となりましたが、そこに至るまでには長い下積みの時代も経験しています。

本書に掲載された言葉の中には巨匠・宮崎の言葉もたくさん含まれていますが、それ以前の葛藤の日々や、「いつか形に」とアイデアを温めていた当時の言葉も入っています。人はみな一夜にして成功者になるわけではありません。宮崎の人生や言葉を知ることは、まさに「人はどう生きるべきか」を知ることにもなるはずです。

本書がみなさまの生きる力になれば幸いです。

最後になりましたが、本書の執筆と出版には、リベラル社の伊藤光恵氏、仲野進氏にご尽力いただきました。感謝申し上げます。

桑原　晃弥

## 第一章 クリエイティブセンスを身につける

## 第二章 アイデアと発想を形にしよう

## 第三章 ワクワクする職場をつくろう

## 第四章 強いチームをつくるために

## 第五章 ショービジネスの裏側

## 第六章 限界を超えて成長する

## 第七章 宮崎駿の生き方・考え方

WORDS OF HAYAO MIYAZAKI

# 第一章

# クリエイティブセンスを身につける

WORDS OF HAYAO MIYAZAKI 01

# あえて不便なスタイルを貫く

便利が尊いと思う人間はそれにすがればいいんです

▼「朝日新聞」2024・9・12

アニメ制作の世界は１９９５年にピクサーが世界初のフルＣＧアニメ「トイ・ストーリー」を大ヒットさせて以降、デジタル化が急速に進んでいます。

宮﨑駿率いるジブリでもデジタル化を進めていましたが、２０１３年に公開された「風立ちぬ」をつくるにあたり、全編を手書きで制作することを宣言します。それは時代に逆行する発言でした。

テレビのディレクターからは「デジタルに移らないいんですか？　便利ですよ」と言われますが、「紙に鉛筆で書く」スタイルにこだわる宮﨑は「便利が尊いと思う人間はそれにすがればいいんです」


と答えました。

そんな宮﨑の言葉を聞き、「かっこいいなあ」と感じたのが本田雄《たけし》です。本田は庵野秀明監督のもと、「エヴァンゲリオン」シリーズの作画監督を務めたほか、宮﨑の求めで「風立ちぬ」の作画監督に就任しています。

本田自身も、タブレットを使って描かれた絵をモニター画面で見て、違和感を覚えていました。だからこそ、宮﨑の作画を見て、「絵に生命力が宿っている」と感銘を受けたといいます。

宮﨑は「便利さ」よりも絵の持つ生命力を何より大切にしていました。

WORDS OF HAYAO MIYAZAKI 02

# 基本の道具を使いこなす

鉛筆という材料をなくして未来があるのか

▼『CUT』2008・9

宮崎駿は「鉛筆で描くのが嫌だったらアニメーターをやめた方がいいんじゃないか」というほど鉛筆に強いこだわりを持っています。「最終的に人が惹かれるのは、人間が手で描いた驚きにある」(「崖の上のポニョ」劇場用パンフレット)という強い信念があるからです。

だからこそ、「もののけ姫」のときにCG室を開設したにもかかわらず、「崖の上のポニョ」では3DCG(3次元コンピュータグラフィックス)を一部やめています。

宮崎は、人間が手で絵を描くときの「いい加減さとか、曖昧さとか、ある種の気分や気持ち」(同)がキャラの動きに出ることこそがアニメーションの魅力の根源だと信じているのです。

ところが、人が手で描くうえで欠かせないはずの鉛筆を最近の若い人たちはほとんど使っていません。そのことを知った宮崎は愕然《がくぜん》とします。

今の若者にとっては、鉛筆よりシャープペンシル、アナログよりタッチペンなどスマートで手軽な手法で描く方が当たり前になっています。

宮崎はコンピュータを否定しているわけではありません。コンピュータは使いつつも、鉛筆で描くアナログの良さを知っているからこそそのこだわりなのです。

WORDS OF HAYAO MIYAZAKI 03

# やりたいことは強い熱意で伝える

絵コンテを20分ぶんだけ描くから、それで判断して欲しい

▼「宮崎駿を跳び上がるほど喜ばせた」鈴木P・仕事の名言「朝日新聞デジタル」2021・8・28

宮崎駿は2013年に「風立ちぬ」が公開されたあと、引退宣言をしました。

ところが、それから10年後に引退宣言を撤回して「君たちはどう生きるか」を完成させ、見事に大ヒットさせています。

もっとも、引退を表明した当時の宮崎の思いは「長編アニメーションはもう撮らない」というものでした。そのため、高畑勲などは記者会見で「宮さんが引退を撤回しても驚かないでください」と発言しています。

引退は創作意欲がなくなったからではありませんでした。実際、引退宣言から3年近く経った2016年7月、宮崎はプロデューサーである鈴木敏夫にある企画を提案します。そして、その企画こそ「君たちはどう生きるか」の構想でした。

鈴木は晩節を汚すことになりかねないと、「やめた方がいい」と答えます。

ところが宮崎は引き下がらずに「20分の絵コンテを描くから、それで判断してくれないか」と迫りました。

宮崎には、自分が描くものがダメなら身を引くし、そうでなければ絶対にやりたいという強い覚悟がありました。

鈴木が見た絵コンテは本当に面白く、企画はスタート、宮崎はまたヒット作を世に送り出すことになったのです。

WORDS OF HAYAO MIYAZAKI 04

# 「思い込み」に惑わされずに物事を見る

何十年も、こいつは同じ絵を描いているのか。何を見て生きているんだ

▼『天才の思考』

宮崎駿は絵に対して人一倍強いこだわりがあるクリエイターです。そんなこだわりを支えているものの1つに「観察」があります。

鈴木敏夫によると、「耳をすませば」（1995年公開）で主人公の雫《しずく》が友達と話をするシーンでは、宮崎の絵コンテは監督の近藤喜文《よしふみ》のものよりも話すスピードが速かったといいます。

理由は宮崎の「観察」にありました。

絵コンテを描く前、鈴木と一緒に電車に乗っていた宮崎は、目の前に座っている4～5人の女子中学生のおしゃべりを聞きながら、おしゃべりの秒数をカウントしたのです。

宮崎によると、人の行動を観察すると、想像していたものとはまるで違う動きをすることがあるのに、多くのアニメーターは、自分の思い込みや慣れ親しんだやり方で描いてしまうといいます。

そして、そんな絵を見ると、宮崎は「何十年も、こいつは同じ絵を描いているのか。何を見て生きているんだ」と逆上するというのです。

「白紙で臨む」という言葉がありますが、先入観や思い込みに惑わされずに物事を観察できてこそ「本当のもの」が見えてくるのです。

WORDS OF HAYAO MIYAZAKI 05

# 心に刻みたい情景は自分の目に焼き付ける

バカっ！　写真機持ってくんな！

▼『CUT』2011・9

日本人はカメラが好きで、旅先でも大量に写真を撮る人が多いようです。今はスマートフォンで簡単に撮影できるため、何でも写真に撮ってSNSなどにアップするのが当たり前になっています。

宮﨑駿は映画の制作でロケハンに行っても、写真を撮ることは一切ないといいます。

鈴木敏夫とアイルランドに行った際、風景の美しさに感激した鈴木がカメラを取り出して写真を撮っていると、宮﨑は我慢できずに怒り出しました。

「うるさいよ、シャッター音が」

宮﨑はジッと景色を見つめます。もちろん、記録には残しません。仕事場に戻って絵を描くときには、記憶をもとに描くのです。写真だと引き写すだけになりますが、記憶に頼るとオリジナルの絵が生まれるからです。

だからこそ、宮﨑は若いスタッフとロケハンに行くときも、カメラを持ってこないように指示します。そして、見たままを絵に再現させるのです。

絵を描く仕事を選んだ以上、日頃からさまざまなものに好奇心を持ち、日常的に観察をして、その積み重ねをもとに描くべきだ。これが、宮﨑の「絵」に対する強いこだわりなのです。

WORDS OF HAYAO MIYAZAKI

# 06

# 「若者に負けていられるか」の気概を持つ

よし、俺の出番だ

▼『天才の思考』

腕に覚えがある人は、年齢がいくつになっても「若い奴らに負けていられるか」という気持ちがあるものです。

宮崎駿は若いときからアニメーションの世界で腕を磨き、数々のヒット作を手掛けてきただけに、並外れた負けん気があります。

２００４年に公開された「ハウルの動く城」の制作に取り組んでいたとき、63歳の宮崎は作画監督を務めていた山下明彦や稲村武志、高坂希太郎といった若いスタッフと勝負をしていました。

厄介なキャラクターを描くのにアニメーターが苦戦し、それを作画監督が直してもやはりうまくいかない様子を見た宮崎は「よし、俺の出番だ」と喜んで原画に手を入れたといいます。偉大な監督でありながら、絵描きであることに強い自負心があったのでしょう。

宮崎によると、アニメーションをつくる作業は肉体労働そのものであり、肩こりなどの体のつらさと、精神的なつらさの両方に悩まされるといいます。

年齢を重ねると、目を酷使することもつらくなってくるでしょう。

しかし、そうした問題があっても、納得のいく画を仕上げることに執念を燃やす。それが宮崎の流儀でした。

WORDS OF HAYAO MIYAZAKI 07

# 影響は受けてもマネはしない

僕は手塚治虫さんの漫画が好きだったけれど、
模写したことは一度もない。

▼「しんぶん　赤旗　日曜版」1998・4・12

宮崎駿は手塚治虫に批判的だといわれます。しかし、宮崎自身は子ども時代に手塚治虫の『新宝島』を読んで、強い衝撃を受けました。

手塚の漫画には尊敬の念を持っているし、手塚の果たした功績に異論はない。ただし、手塚が「アニメーションでやったことは間違い」だった（『CUT』1990・1）というのが宮崎の見方です。

宮崎は高校生の頃は漫画家を目指していました。

しかし、大好きな手塚の漫画を模写したことは一度もないといいます。それは母親から「人のマネをするのは最低だ」と言われていたからでした。

理由を聞けば何ともほほえましい話ですが、手塚の影響は確実に受けていたようです。あるとき、描いた漫画を人に見せたところ、「手塚治虫そっくり」と言われ、一生懸命に描きためたものを全部燃やしたことさえあるといいます。

その後、宮崎は「漫画は向いていない」とアニメーションの世界に入りました。その頃、手塚がテレビアニメを手掛けるようになり、それを見た宮崎は、「こんなくだらないもんやってるの」と思ったといいます。宮崎にとって手塚はあくまでも漫画の世界の人なのです。

WORDS OF HAYAO MIYAZAKI 08

# 100%の満足を提供しよう

観終わったときに、実に「ああ、映画を観た！」っていうような、そういう映画を作りたいですね

▼『CUT』1990・1

宮崎駿は学生時代、映画を随分たくさん観たといいます。

ただ、その頃は、映画を娯楽として楽しんではいませんでした。むしろ「映画というものに対決しなければならない」(『CUT』1990・1)という意識で観ていたようです。

内容がわからなくても、「難解だけどいい映画だ」と、わかったようなことを言いながら観ていたといいます。

かつて、アート系の難解な映画がもてはやされた時代がありました。宮崎のコメントは誰もが高尚な見方がかっこいいと考えていた時代ならではの観方だったのです。

やがて自分がつくる側になってからは、観客に「ああ、面白い映画を観た!」と喜ばれるような映画をつくりたいと考えるようになります。言い換えれば、「ああ、お金を払って得した」「観に行ってよかったな」と思ってもらえるような作品が理想だと考えているのです。

そのためには「映画なんて所詮娯楽だから」と思われるような作品はつくれません。内容はもちろん映像表現においても、観た人に満足してもらえるように、緊張感を持って映画をつくらなければならない。それが宮崎の考えでした。

WORDS OF HAYAO MIYAZAKI 09

# 子どもに見せるのは現実より理想

本当に愚かで、描くにも値しない人間をね、僕らは苦労して描く必要はないですよ！（中略）僕は描きたいものを描きたいですよ

▼『CUT』1990・1

映画やドラマ、小説では、真面目そうだけど救いようのないダメな人間が描かれるケースがあります。また、極悪人に見えながら、実はいい人というキャラクターが登場することもあるでしょう。人間とは、このように複雑な存在なのです。

ジブリ作品には「悪人が出てこない」と言われることが少なくありません。

そうした批判に対して宮崎駿は「悪人が出ないようにしてるんであってね。僕は回復可能なもの以外は出したくないです」(『CUT』1990・1)と言い切っています。

どういう意味でしょうか?

---

人間には悪意やだらしなさなど負の側面があります。宮崎はそのこと自体は理解しつつも、子ども向けの作品をつくるときに、そうした負の部分をあえて見せず、「こうだったらいいな」という理想像を見せたいと考えています。

だから、もし大人向けにつくるなら、「あなたは生きてる資格がないよ」(同)と力説するような映画になるかもしれない、と語っています。

アニメーション映画の制作という大変な仕事をする以上、描くに値しない人間を描く必要はない。その姿勢が結局は子どもたちのためになるのだと宮崎は考えています。

WORDS OF HAYAO MIYAZAKI 10

# 「健康な野心」を持とう

演出というのは（中略）この映画を作ったら世の中が変わるんじゃないかとか、どこかでそう思うぐらいモノにとり憑かれなくては駄目なんです

▼『ロマンアルバム　アニメージュスペシャル　宮崎駿と庵野秀明』

1998年から99年までジブリで開校された「アニメーション演出講座Ⅱ」で塾頭を務めたのは宮﨑駿でした。

この講座で宮﨑は、アニメーションの演出にどういう人間が向いているかはよくわからない、と語りました。

とはいえ、庵野秀明も押井守も高畑勲も、強烈に「我が強い」人物です。

しかし、我が強いだけではダメで、さらに大事なのは「健康な野心」だと宮﨑は言います。それは、偉くなって下の人たちを従わせたいとか、金持ちになって好き放題やりたいといったものではありません。


たとえば、自分が理想とするアニメーションを自由につくるための「権力」がほしいというものです。

演出とは、作品ができあがったときに批判されたり、興行的な失敗の責任をとらされたりする仕事でもあります。それでもあえて演出を志すなら、「この映画ができたら世の中が変わるんじゃないか」と思い込めるほどの情熱を持つことが求められるのです。

「任されたことだけやればいい」という人間に演出は無理で、演出をする以上、自分の作品へのたっぷりの情熱と、批判を受ける覚悟が必要なのです。

WORDS OF HAYAO MIYAZAKI 11

# 批判は次のステップへの燃料にする

殴りに行こうかと何度も思って（笑）。だからほとんど読まないことにしてました

▼『CUT』2008・9

世の中には「ものをつくる人」と「批判する人」がいます。後者は前者のつくったものをあれこれ批判しますが、だからといって、それを上回るものをつくりあげるわけではありません。

宮﨑駿が2004年、「ハウルの動く城」を発表した際、「宮﨑も歳をとったんではないだろうか」「もう、あいつは終わりだ」といった声が多数寄せられました。

映画というのは観る人によって感じ方が違うだけに、どんな感想を口にしようと自由ですが、宮﨑自身はこうした評価に対して、「殴りに行こうかと何度も思った」と言うほど激怒したようです。

もちろん、作品に対する評価は自由になされるべきでしょう。しかし、つくり手への敬意を欠いた批判は論外です。

こうした心ない声は「紅の豚」の公開時も多く寄せられましたが、このときは宮﨑たちが想定した大人の観客よりも、小学生たちが喜んでくれたことが次作をつくる原動力になったようです。

「ハウルの動く城」に対する無責任な批判への怒りは、やがて「崖の上のポニョ」制作のエネルギーにつながります。

創作物に批判はつきものですが、つくり手側にはそれを跳ね返すエネルギーが求められるのです。

WORDS OF HAYAO MIYAZAKI 12

# 届ける相手を明確にしよう

アニメーション作ってて一番最後に残るのは、子どもを楽しませたいと言う気持ちですね。（中略）知っている五、六人が楽しんでくれれば自分も満足できる。そこが一番原点なんです

▼『虫眼とアニ眼』

ものをつくる際、自分や親しい人のためにつくろうとするなら、絶対にいい加減なことはできない。これはアップルの創業者スティーブ・ジョブズの言葉です。

宮崎駿が「千と千尋の神隠し」の着想を得たのは、山小屋で過ごしていたときに10歳くらいの女の子たちと出会ったことがきっかけでした。

彼女たちが見る映画がないと思った宮崎は、「この子たちが本当に楽しめる映画をつくりたい」と思ったのです。

宮崎は過去にも同じような経験をしています。自分の子どもに見せたいからと「パンダコパンダ」（１９７２年公開）を制作したのでした。このとき宮崎は、子どもたちが大喜びする様子を見て、すごくうれしかったと語っています。

観客を設定すると、その人たちが本当に喜ぶものをつくらなければいけません。それでも相手が見えていることは、つくり手ががんばる動機にもなるでしょう。

制作が終わったとき、「ああ、これであの子たちに見せられる」と思えたことが本当に幸せだったと宮崎は振り返っています。

自分がその仕事を「誰のために」するのかを明確にすれば、自ずと良い結果が生まれるのです。

WORDS OF HAYAO MIYAZAKI

# 13

## 死の間際まで全力で走り続ける

（夏目）漱石の『明暗』のような形になりたい

▼『CUT』2011・9

ある程度の年齢になると、人は「人生の終わり」を考えるようになります。

宮崎駿もまた、「風立ちぬ」のあと、引退宣言をしています。

ただ、このときは、映画づくりをやめるというよりは「長編アニメーションづくりをやめる」というのが本当のところでした。

宮崎によると、映画監督というのは死ぬまで映画監督で、「元・映画監督」という肩書は見たことがないと言います。

実際には頭の中に企画があっても、お金を出してくれる人がいないだけで「企画はあれど、つくれない」ケースが圧倒的です。

そうした状況を宮崎は「作るふりしながら死ぬ」（『CUT』2008・9）と表現しています。

そんな宮崎は、自身の最後の作品について「（夏目）漱石の『明暗』のような形になりたい」（『CUT』2011・9）と語りました。

『明暗』は夏目漱石の絶筆ですが、新聞連載中に漱石が病で亡くなったため188回で終わり、完結していません。

宮崎も、もし自分が映画の制作中に亡くなったら、「このあとはどうなるんだろう」と思えるようなものをつくりたいと話しました。「生涯現役」の実践が、宮崎の願いなのです。

WORDS OF HAYAO MIYAZAKI

# 第二章

# アイデアと発想を形にしよう

WORDS OF HAYAO MIYAZAKI

# 14

## 「不可能」は自らの手で覆そう

じゃあ、原作を描いちゃいましょう

▼『スタジオジブリ物語』

宮崎駿にとって、1984年公開の「風の谷のナウシカ」は、「ルパン三世 カリオストロの城」に次ぐ2作目の長編アニメーションです。宮崎は「カリオストロで初めて体力の限界を知った」と話しているように、全力で制作に臨んだものの、興行的には成功とは言い難いものでした。その結果、宮崎は約半年間、制作に携われず、「失業状態」が続きます。

当時、宮崎は何本かの企画書を用意していましたが、「原作がない作品は映画化できない」と断られます。

のちにジブリをともに立ち上げることになる鈴木敏夫からそう伝えられた宮崎は「じゃあ、原作を描いちゃいましょう」と提案、そこから始まったのが雑誌『アニメージュ』での「風の谷のナウシカ」の連載でした。

宮崎の独特のタッチで描かれた壮大な物語は評判となりますが、連載は思うように進みませんでした。それでも、連載開始から半年後に10分間のパイロットフィルムがつくられると、その評判もあり、遂に83年に映画化が決まります。

原作がなくて映画がつくれないのなら、自分で原作をつくればいい。それは何とかして企画を実現させようと試みた宮崎の「発想の転換」でした。

WORDS OF HAYAO MIYAZAKI

# 15

## 大事なことは少人数で決めればいい

大っ嫌いです！　会議ばっかりやってる映画

▼『CUT』2013・9

「画期的な製品や機能を生み出せる可能性が一番高いのは1人で仕事をするときだ。委員会じゃダメ、チームじゃダメなんだ」

これはアップルの共同創業者であるスティーブ・ウォズニアックの言葉です。

何かを決めるときに、やたらと会議ばかり開く組織は少なくありません。

いくら議論が重ねられても、結局、ダラダラと無為な時間が流れるだけ。そして、誰も責任を取らない無難な結論が導かれることがほとんどです。

宮崎駿の「風立ちぬ」は零戦を設計した堀越二郎をモデルにしていますが、映画のなかでは戦争ものにありがちな主人公と軍の対立などは描かれません。

理由は宮崎が「会議ばっかりやってる映画は最低の映画になる」と考えたからです。

また、宮崎は、会議ばかりしているスタッフはろくでもないと考え、映画の設定はわずか10人ほどで決めるといいます。

会議を開いても、結局何も決まらないし、無用な会議はかえって間違った結論に至ると知っているからです。

大事なことは1人、ないしは本当に信頼できる人と決めればいい。それが宮崎の流儀なのです。

WORDS OF HAYAO MIYAZAKI 16

# 「いつか」を信じて準備を怠るな

そうなる（「トトロ」をやらなければいけないと思うようになる）とね、（中略）風景でもなんでも、それが少しずつストックになっていくんです

▼『SIGHT』2002 WINTER

宮崎駿は早くから「となりのトトロ」を形にしたいと考えていました。

しかし、「この企画が通らなかったらどうしよう」と思い詰めることはなかったようです。テレビ局や映画会社は、保守的ですから、ヒットするかどうかわからないような企画を簡単に通すことはしません。また、運良く企画が通ったとしても、観客が入るかどうかは、また別の問題です。

それなら、自らリスクを背負って自主制作をするという手もありますが、宮崎は「性に合わない」と話しています。

だからといって、宮崎はあきらめませんでした。うまくいかなければ一度引き下がり、「いつか形にする」という思いだけは忘れなかったのです。

そうして企画のことを考え続けていると、日常生活における視点が変化していきます。風景を目にしたときに、「この道はあの場面に」「この角はあそこのシーンに」と、映画で使う作画のストックが増えていくのです。そして、その大量のストックは、企画にゴーサインが出たときに一気に花開くのです。

幸運は、夢が実現したときのために、準備を怠らなかった人のところに訪れるのかもしれません。

WORDS OF HAYAO MIYAZAKI 17

# 相手の笑顔を最優先に考える

人を楽しませるのが好きじゃなければ、こういう商売はやらないですよね。だから人に楽しんでもらいたいんです。だけど楽しまなかった人を見ると、これはひどく心が痛むんです

▼第62回ベネチア国際映画祭 記者懇談会

ものをつくる人のなかには、人がわかろうがわかるまいが、自分がつくりたいものをつくるというタイプの人がいます。

宮﨑駿もまた、自分自身の中に人に理解されないような前衛的なものをつくってみたいという衝動があることを認めています。

しかし、一方で、アニメーションの制作には大勢の人間が関わっていますから、「全員わかんなくてもいいやっていうふうに（笑）、作るのは僕はあんまり好きじゃない」（『CUT』1990・1）とも話しています。

そう考えるのは、人に喜んでもらうことが好きだからでしょう。自分のつくったものに対する評価をものすごく気にして生きているからだとも話しています。

実際、宮﨑は観た人の反応が気になるので、自分の映画を上映している映画館や映画祭などにはなるべく近づかないようにしているといいます。

人に喜んでもらいたいし、人に楽しんでもらいたい。そのためにアニメーション映画をつくるのですが、一方で楽しめない人を見ると、ひどく心が痛むし、落ち込むこともある。

宮﨑は、繊細で小心で臆病だからこそいろいろなことに気がつくのです。

WORDS OF HAYAO MIYAZAKI 18

# 飽きられないように改善し続けよう

お客さんが来なくて困るより、たくさん来て困るほうがいいんです

▼ジブリ美術館スタッフへのあいさつ

日本には、美術館や博物館、記念館などがたくさんありますが、なかには人が来ることがほとんどなく、維持費がかかっているだけの「ハコモノ施設」もあるようです。

東京・三鷹市の井の頭恩賜公園にある通称「三鷹の森ジブリ美術館」は宮崎駿の発案で誕生した美術館です。

2001年のオープン後は、1日の入場者数を2000人余りに制限しながら、年間60万人超の来場者を迎える人気スポットになりました。コロナ禍には一時的に来場者も減りましたが、今では外国人も増え、再び活況を取り戻しています。


一般的にこうした施設は、オープン当初はそれなりに人が来るものの、時間が経つにつれて来場者数が減少していくものです。

発案者の宮崎もその点は心得ており、常に施設に手を加えたり、配置を変えたりと工夫を重ねることで集客力が復活すると考えていました。

お客さんが減るのを「仕方がない」とあきらめるのではなく、継続して来てもらうために知恵と努力を惜しまない。

一度来てくれた人にも新たな発見があるよう、細部に工夫をこらすのが宮崎のスタンスでした。

WORDS OF HAYAO MIYAZAKI

# 19

## 興味があることを深掘りしよう

ぼくは自分が勉強好きな人間ではないですから、勉強しろという気はないんです。だけど、自分が気にいった窓口から勉強することはしてみろとすすめます

▼『季刊 人間と教育』10号

宮崎駿は高校時代や大学時代を振り返って、「なにやってたんだろう。（中略）たぶん寝てたんでしょうね」（『SIGHT』2002 WINTER）と語っており、決して勉強熱心な学生ではなかったようです。

漫画家になりたいと思いながらも「大学生になってから始めよう」と考えていたように、何かに一心不乱に打ち込むような生活でもなかったようです。

けれども、「風の谷のナウシカ」や「天空の城ラピュタ」など、のちのアニメ作品の原案になるようなアイデアは、すでにこの頃考えていたともいいます。学校の勉強はさておき、早くからアイデアの種を育てていたのではないでしょうか。

また、教養を身につけるために、多くの本を読んでいたといいます。

「学生時代に本を読まないのは勝手だけど、そのつけは全部自分が払うんだから。知識や教養は力じゃないと思っているやつはずいぶん増えたけど、結局、無知なものはやっぱり無知ですからね」（『季刊人間と教育』10号）

学校で教わるものだけが勉強とは限りません。自分が本当に興味のあることについて学ぶのも立派な勉強でしょう。その意味では、宮崎は「勉強熱心」な青年だったのです。

WORDS OF HAYAO MIYAZAKI 20

# 日常のストックが新たな発想を生む

部屋で最新式のコンピューターに向かってポコポコやってるところからクリエイターは出てくるんじゃなくて、もっと古いものの集積の中から出てくる

▼『SIGHT』2002 WINTER

「点と点をつなげる」は、かつてアップルの創業者スティーブ・ジョブズがスタンフォード大学の卒業式で卒業生たちに贈った言葉の1つです。

すごいものをつくるためには単にテクノロジーの知識があればいいというわけではない。一見、ムダとも思える経験や教養がテクノロジーと交差することで、素晴らしいアイデアが生まれるのだ。これがジョブズの話の趣旨でした。

宮崎駿は若い頃からたくさんの本を読んでいました。また、映画を観たり、好きな飛行機について調べたりして、「雑学の塊」と言えるほど豊富な知識を身につけていました。圧倒的なストックがあったからこそ、次々に映画の企画を考えることができたのでしょう。

映画で使う「風景」も、企画が決まってから探しに行くのではなく、普段から蓄積しておくからこそ、たくさんの風景を描くことができるのだといいます。

新しいものをつくるためには新しい知識が必要だと思われがちですが、必ずしもそうとは限りません。

実際にはベースとなるたくさんの知識や経験が不可欠で、そこに独自の発想が加わることで新しいものが生まれます。古いものはアイデアの源泉なのです。

WORDS OF HAYAO MIYAZAKI

# 21

## 子どもの頃の自分にメッセージを送る

子供時代の僕に、こういうとこがあるんだよって、（中略）観せられる映画があったらよかったのにとは思いました

▼『SIGHT』2002 WINTER

宮崎駿の映画には美しい風景がたくさん出てきます。とくに「となりのトトロ」にはかつての日本にあった懐かしい風景が数多く描かれているだけに、宮崎はさぞ日本の風景が好きなのだろうと思われがちです。

しかし、意外なことに若き日の宮崎は「日本の景色を見ても、水田を見ても、咲き乱れる菜の花畑を見ても、みんな嫌な風景に見えました」（『時代の風音』）と話しているように、日本の風景が嫌いだったといいます。

そんな宮崎が日本の風景の豊かさに気づいたのは、テレビアニメの取材で海外を訪れたときのことでした。宮崎は「アルプスの少女ハイジ」の取材でスイスを、また、「母を訪ねて三千里」の取材でアルゼンチンを訪れます。

外国に行き、さまざまな国の風景を見て帰ってきた結果、自分は日本の景色の方が好きだったと気づきます。

そして「自分たちの世界をちゃんと描けたら幸せなのに」と考えるようになりました。

その思いから生まれたのが「となりのトトロ」だったのです。それは日本の風土が嫌いだった宮崎が、子ども時代の自分に見せるための映画でもありました。

WORDS OF HAYAO MIYAZAKI

# 22

## 安易に欲望を満たすものはつくらない

裸を見せればエロだと思ってる人がずいぶんいるけども、それは粗末な人生を送っている人だなあと思います

▼『SIGHT』2002 WINTER

実写映画でもアニメーション映画でもセクシーなシーンがやたらと強調される作品が話題になることがあります。

もちろん、制作者は、そうしたシーン見たさに映画館に来る人がいることをわかっているのでしょう。

宮崎駿はこうした「劣情をもよおすシーン」をはっきりと拒否しています。

「そういうこと（性的欲求を満たすシーン）を映画で観たがる奴がけっこういるのは知ってますけど。映画にそういうものを求めるのは、俺はヤだ」（『CUT』2013・9）

宮崎は、映画とは人間に肉迫するものだと考えていますが、それはあくまでも人間の内面の話。ベッドシーンなどを売り物にした映画は大嫌いなのです。

「天空の城ラピュタ」はエロスを意識してつくられていると批評されることがあります。しかし、作品中にエロティックなシーンが出てくるわけではありません。

宮崎にとっての官能性は、抱き合ってかわされるキスやこれ見よがしの裸ではないのです。

「裸＝エロ」と考えるのは粗末な人生を送っている人であり、その安易な発想に応えるような映画はつくりたくないというのが宮崎の考え方です。

WORDS OF HAYAO MIYAZAKI 23

# 古いものから新しい表現を生み出す

進化というと一定方向を向いているものだ、という思い込みがありますよね。でも僕は案外、そうでもないと思うんです

▼『天才の思考』

技術の進化というと、単に新しいものを追いかけることだと思われがちです。

しかし、忘れられていた技術を今でも使えるように工夫したり、古い部品を最新の製品に組み込んだりしても、より良いものが生まれることがあります。

宮崎駿によれば、昭和50年代のラジオドラマは、今聞いても心地良く聞こえるそうです。その理由は、今と比べて効果音が少ないからです。

最近の映画も過剰に音を入れる傾向がありますが、効果音を抜けば抜くほど見やすくなります。進化は一定の方向に向かえばいいというわけではないのです。


---

狂言ではふすまの開け閉めの音や、川に石が落ちる音などを「声」で表現します。一見、古めかしい表現にも思えますが、宮崎は「風立ちぬ」の中で零戦のプロペラ音などを声で表現することを試みました。これは機械による再現が無理なら、声でやろうという考え方から生み出された発想です。

新しい表現を模索するとき、私たちはつい最新のテクノロジーに頼ってしまいがちです。しかし、それが本当に正解と言えるのか？

宮崎の映画づくりはそう問いかけているのです。

WORDS OF HAYAO MIYAZAKI 24

# 夢は実現するまで持ち続けよう

耐えることは大変に疲れ、苦しいことだ。それでもなおかつ、自分のものを心に抱き、あたためつづけるのである

▼『月刊絵本別冊アニメーション』1979・3

宮崎駿が初めて演出を担当したのは「未来少年コナン」です。1977年、36歳のときでした。

本来なら小躍りして喜ぶのでしょうが、宮崎自身は「恐ろしい、困ったなと思ったけど、選択肢がないんですよ」（『風の谷のナウシカ GUIDE BOOK』）と、当時を振り返っています。

とはいえ、次作の「ルパン三世 カリオストロの城」を経て、「風の谷のナウシカ」と着実にキャリアを積み重ねていきました。「ナウシカ」「ラピュタ」「トトロ」などのアイデアは、若いときから温めていたものだといいますから、そこに宮崎のすごさがあります。

宮崎によると、アニメの世界の下積みの期間は長く、よほどの幸運に恵まれない限り、自分の企画を通す機会は訪れないそうです。それでも大事なことは、「いつか」を夢見て構想を温め続けることです。

忙しい日常のなかで企画を温め続けていくのは大変なことです。しかし、だからといって「もういいや」とあきらめてしまうと、自分のやりたいことを世に問うチャンスは永遠になくなります。

たとえ苦しくても、やりたいことが実現するまで待ち続けることも、1つの才能なのです。

WORDS OF HAYAO MIYAZAKI

# 第三章

# ワクワクする職場をつくろう

WORDS OF HAYAO MIYAZAKI 25

# 理想のものがなければ自分でつくればいい

必要なのは、理念を語ることではなくて実際に何かをやることです。

▼『虫眼とアニ眼』

宮﨑駿の会社ジブリには「3匹の熊の家」という保育園があります。ジブリで働く人たちのための保育園で、宮﨑駿が設計し、2008年の開園時には宮﨑自身が園長を務めました。

宮﨑は早くから「幼稚園を自分に1つ預けてくれないかなあ」と考えていました。デコボコだらけの建物をつくり、そこで子どもたちが遊び、初めての出来事に戸惑い、自分の力で乗り越える。そんな劇的なシーンに出会いたいと考えていたのです。

宮﨑にとって、子どもたちは「希望の塊」です。しかし、子育ての環境とはどうあるべきかと文化人づらをして語っても、聞いている人は鼻白むだけ。現実は何も変わりません。では、どうするか。

宮﨑は自分が理想とする保育園をつくり、ジブリで働く人たちの子どもをそこで預かることにしたのです。

オフィスのすぐそばで子どもたちを預かる。それは重い責任を伴うことでもありますが、同時に働く人たちにとっては、喜びでもあります。

理想の保育園がないのなら、ただ嘆くのではなく、自分の手でつくる。

子ども好きな宮﨑にとって、それは当然の結論だったのかもしれません。

WORDS OF HAYAO MIYAZAKI 26

# 生きる力を持った子を育てる

立派な人を育てようということじゃないです。
普通の人を育てようとしているだけです

▼『熱風』2006・6

「3匹の熊の家」はジブリの社内保育園です。大量採用した新入社員の子どもが生まれたこと、宮﨑駿自身が保育園に関心を持っていたことから、2008年に開園しました。

「崖の上のポニョ」の制作と同時期ということで、園の子どもたちの成長とポニョの成長を重ね合わせるようにして映画がつくられていたといいます。

宮﨑が保育園をつくったのは、立派な人を育てたい、特別な才能を開花させたいといった理由ではありません。

「火が扱えるとか、この枝にぶら下がったら折れるということがわかる子になればいい」(『虫眼とアニ眼』)と考えていました。

勉強一筋な子ではなく、生きるために必要な力を持った子どもを育てたかったのです。そして、そんな子どもこそ、宮﨑にとっての「普通の人」でした。

また、保育園で遊ぶ子どもたちを見ていると、宮﨑の中にある「人間とはどうしようもない存在だと放り出したくなる」気持ちが正気に返るそうです。

だからこそ、宮﨑は「保育園をつくってほんとに良かった」と話しています。宮﨑にとって仕事場の隣で遊ぶ子どもたちは、大きな「希望」なのです。

WORDS OF HAYAO MIYAZAKI 27

# 質と量の向上を同時に目指す

僕たちは、上手くなって手が早くなりゃあ金儲けできるとか、そういう作り方をしてませんから。（中略）だから、社員化することにしたんです

▼『SIGHT』2002 WINTER

アニメーションは日本が世界に誇る産業ですが、現場で働くアニメーターの給料が安いというのはよく聞く話です。

日本アニメーター・演出協会の調査によると、朝から晩までひたすら絵を描き続けても年収が200万円に満たない人もいるそうで、労働条件としてはとても深刻な状況です。

宮崎駿のスタジオジブリも当初は作品ごとにスタッフを集め、出来高払いで給与を支払っていました。

しかし、「魔女の宅急便」を制作した際、出来高給料だと干上がってしまう人たちが出たことで固定給への移行を決断しています。

作品の精度を上げるためには1枚当たりの作業に手間をかけざるを得ません。しかし、「1枚いくら」で換算すると、アニメーターの収入がまったく伸びないのです。

一方、東映動画時代の宮崎が経験したように、たくさんの枚数を早く描けば収入は一気に増えるでしょう。しかし、当然、作品としての質は悪くなります。

だから宮崎はスタッフを社員化したのでした。人を育て、待遇を改善しつつ、作品の質も高めていく。これが宮崎とジブリの挑戦でした。

WORDS OF HAYAO MIYAZAKI 28

# 女性が活躍できる環境をつくろう

今度はスタッフを一新して、すべての重要な仕事を女性に任せよう

▼『天才の思考』

「女性活躍社会」と言われながらも、日本の社会では、まだまだ女性が重要な地位を占める割合は高くありません。「ガラスの天井」という言い方もあるように、女性がトップに立つのは今でもさまざまな障害が存在するのです。では、映画の世界ではどうなのでしょうか。

宮崎駿は今から30年以上前、1992年公開の「紅の豚」制作にあたり、要となるポジションのほぼすべてを女性に任せるという決断をしました。

鈴木敏夫によると、起用したスタッフは必ずしも一番手の存在だったわけではありませんが、エース級の人材が神経をすり減らしていたこともあり、宮崎は「女性がつくる飛行機映画」という当時としては画期的な挑戦を決断します。

宮崎は、同時に女性スタッフたちの負担を軽減するための配慮も忘れませんでした。背景を空と海を中心にするなど、手間のかかるシーンを減らす工夫をしたのです。

さらに同時に進めていたスタジオジブリの新社屋の設計では、女性トイレの広さを男性トイレの倍にするなど環境整備にも努めました。こうした工夫が功を奏したのか「紅の豚」はその年のナンバーワンヒットを記録します。

WORDS OF HAYAO MIYAZAKI 29

# 一級品は快適なスペースから生まれる

新人を迎え入れジブリを続けて行くには、その気構えがわかる構えが必要だ

▼『スタジオジブリ物語』

ものづくりの世界では「立派な本社を建てるのはよくない」という考え方があります。付加価値を生む工場にお金をかけずに、本社を立派にするのは本末転倒だという意味合いです。

宮崎駿は「紅の豚」の制作中に、手狭になった吉祥寺のスタジオに代わってスタジオジブリの新スタジオを建設することを提案します。

「とにかく国内でアニメーション映画をつくっていこう、もちろん外注の人たちの協力もあおがなきゃいけないけど、このスタジオが、外に全部依存するんじゃなくて、なかに人をかかえて、人も養成しながら映画をつくる拠点にしていこう」(『アニメージュ』1991・8)

当時、アニメの制作現場は劣悪な環境が多く、給与面を含めた待遇も決して恵まれたものではありませんでした。

宮崎はそうした状況を憂い、仕事場の周囲に緑を植え、スタジオ内にはスタッフが食事をしたり、パーティーを開いて交流できるようなスペースを設けたりするなど、働く人が少しでも快適に過ごせるような工夫をこらしました。

優れた作品は、働く人たちが快適であって初めて生み出せるということを宮崎はよく知っていました。

WORDS OF HAYAO MIYAZAKI 30

# 働き方は自由な発想で考えよう

一〇年たったら半年は休むとか、三〇年たったら一年休むとか、そういうのが常識の世の中にならないかなって思うんです

▼『虫眼とアニ眼』

宮崎駿は解剖学者の養老孟司との対談集『虫眼とアニ眼』の中で、こんな提案をしています。

「もうそろそろ考え方を変えてですね、永年勤続じゃなくて仕事の間に休みを長くとるようにしたらどうでしょうね」

宮崎によると、働くうえでは週休2日はつらく、2日なら木曜と日曜を休みにするとか、10年勤めたら半年休む、30年働いたら1年休む……といった「休み方改革」の勧めを説いています。

仕事ばかりだと定年になってから「やることがない」と嘆く人を念頭においたアイデアでしたが、実はスタジオジブリでは宮崎の意向で会社を「半年休み」にしたことがあります。

理由は宮崎の次回作の準備が整わないからでした。スタッフには制作が始まるまでの半年間、3分の2の給料を払うので、「自分の好きなことをやりなさい」と伝えたのでした。

大切なのはジブリで働き続けることではなく、アニメーターとして一流になることです。だから、しばらく他の会社で働いてもいい。やりたいことをやって、半年後に元気に戻ってきてほしい、というものでした。働き方が自由になれば、人生の選択肢も増えるのです。

WORDS OF HAYAO MIYAZAKI 31

# 誠実な人をきちんと評価する

はじめは高かった志もいつのまにかそういう現実のなかでおし流されて、「まあしょうがないや」とか「後で作りなおせばいいや」と開き直ってしまう

▼『アニメージュ』1991・5

長編アニメーション映画の制作には多くの人と時間、膨大な予算が必要になります。それだけ巨大なプロジェクトになると、進行管理はとても骨の折れる作業になります。

宮崎によると、アニメーション制作が長丁場になればなるほど、制作費とスケジュールをしっかりコントロールする努力が欠かせないと言います。

とくに難しいのはスケジュールの管理でしょう。

余裕があるときには「今日は気楽にやろう」「これくらいでいいや」と早く帰ったかと思うと、突然、スケジュールに追われ、外部のスタジオに頼み込んで作業を手伝ってもらう……。

そんな混乱が続くと、当初高かった志が、「まあ、しょうがないや」とか「後でつくり直せばいいよ」という妥協に変わり、作品の質が保たれなくなります。

宮崎は、作品の質を一定に保つには、地味だけど誠実で粘り強いスタッフを大切にしなければいけないと語っています。

作品をつくるのは環境であり、環境をつくるのは人です。

どんなにプロジェクトが大きくなっても、その原則は変わらないことを宮崎は知っていました。

WORDS OF HAYAO MIYAZAKI 32

# 非常時には「何が優先か」を考えよう

アニメーターはアニメーションを作るしかないんだから作れ

▼『CUT』2013・9

大事件や大災害が起きたとき、企業がどのように動くかは経営者の判断に委ねられます。

２０１１年3月11日、東日本大震災が起きたとき、スタジオジブリに目立った被害はありませんでした。

しかし、交通機関が止まってしまったため、帰宅できなかった社員たちは社内保育園に宿泊したといいます。

数日後、計画停電が発表されたことで、仕事を続けるかどうかが問題になりました。「3日間は休みにしよう」という声も上がりますが、宮崎は仕事の続行を指示しました。社会が混乱していても、社員1人ひとりが目の前のすべきことをしようという思いがあったのでしょう。

しかし、世の中の空気が変わり、仕事のスタイルが見直されるなかで、議論が続けられます。そして、最終的には「出られる人は出る。出られない人は家のことを」という結論に落ち着きました。

さらに、数十名のスタッフが被災地にボランティアに向かうことも決まりました。宮崎自身もほどなく被災地に入っています。

やがて、会社の屋上には「スタジオジブリは原発ぬきの電気で映画をつくりたい」（『ＣＵＴ』２０１１・９）という横断幕が掲げられました。

WORDS OF HAYAO MIYAZAKI 33

# 仕事に対するワクワク感を持ち続ける

新しくスタジオができてから、三年たつか三作品を作るかまでは、みんな元気なんですが、それ以上つづくと必ずマンネリになってくる

▼『アニメージュ』1991・5

創業期に数々のイノベーションを起こして注目された企業も、成長するにつれて面白みのない組織になってしまうというのはよく言われることです。

宮崎駿によると、アニメーションスタジオもまた、新しくスタジオができてから3年経つか、あるいは3つの作品をつくるまでは元気でも、それ以上になるとマンネリに陥るといいます。

確かに新しくスタジオをつくるときは「こんな作品をつくりたい」といった思いがあるはずですが、1本、2本と作品ができ、それなりの成功を収めると、空気が変わっていきます。

---

新しいプロジェクトに対する驚きや感動がなくなり、リスクを冒して挑戦するより、ある程度の成功が見込める無難な企画を優先するようになるのです。

もちろん、企業である限り、売り上げや利益を度外視することはできません。しかし、あまりに数字を気にしすぎるとワクワク感が薄れることも事実です。

そこで宮崎が決めたのは、ヒット作の続編をつくらないこと。また、スタッフの待遇を改善して健康な現場をつくり続けることでした。

革新的であり続けるには、挑戦をおそれないことが大切なのです。

WORDS OF HAYAO MIYAZAKI

# 第四章

# 強いチームをつくるために

WORDS OF HAYAO MIYAZAKI 34

# 必要ならば潔く「ノー」を決断する

いかに職場を健康な状態に保つかってことで、怒鳴る奴には怒鳴ったし、チャンスを与える奴にはチャンスを与えたし、追い出す奴は追い出すってね、可哀相なこともずいぶんやってきました

▼『CUT』1997・9

ネットフリックス創業から数年後、創業者のリード・ヘイスティングスは120人いた社員のうち40人を解雇します。当初は憂鬱な気持ちになったものの、全員のパフォーマンスが低下するからと、やむなく実行したことでした。

日本では大胆なリストラは簡単にはできません。それでも、優秀なチームをつくるためには人の取捨選択は避けては通れないでしょう。宮崎駿は「いくら100人集めたってダメなものはダメなんです」（『CUT』2011・9）と言うほど、優秀な人材を集めることにこだわりました。その過程で、ジブリを去ることになった人もいます。

チームのパフォーマンスを上げるためには、宮崎のような厳しい決断も必要でしょう。こうしたやり方をパワハラと考える人や、「やりすぎ」と感じる人もいるかもしれません。

しかし、一丸となってすぐれたものをつくり続けるために、チームを「健康」な状態に保つことは、大事なことです。それを実現するためには、ときには非情な決断が求められることもあります。

簡単にはできないことですが、正しい判断で組織を救えるのは、チームを率いるリーダーだけなのです。

WORDS OF HAYAO MIYAZAKI 35

# 指示したことは自分も実践しよう

六カ月で作らなきゃいけないから、まったく余裕はない。土日休みなし。一月一日だけ休もう

▼『天才の思考』

アップルの創業者スティーブ・ジョブズは、マッキントッシュの開発に取り組んでいた頃、「毎週7日間、毎日14時間から18時間ぶっ通しで働いた」ことが伝説として語り継がれています。

世界を変える画期的な製品をつくるためには、それだけの時間を費やすことは不可避だったのかもしれません。

宮﨑駿が「風の谷のナウシカ」を制作したとき、通常の人員では足りなかったので、宮﨑自身のつてを使ってスタッフをかき集めなければなりませんでした。それでも人数は足りません。宮﨑はスタッフを集めて、こう宣言します。

「6カ月でつくらなきゃいけないから、まったく余裕はない。土日休みなし、1月1日だけ休もう」

残業規制の厳しい今なら考えられないことですが、宮﨑は自らも朝の9時から夜中の3時〜4時まで絵を描き続けました。食事は持参の弁当を朝と夜の5分ずつ、2回に分けて食べたといいます。

リーダーがそんな仕事をしていれば、スタッフも従うほかないでしょう。ただ人に指示するだけで、自分は何もしないリーダーは信頼を得られません。

人に厳しく言う以上、自分が率先垂範し、誰よりも働くことが必要なのです。

WORDS OF HAYAO MIYAZAKI 36

# 嫌われてこそ最高の成果が生まれる

もう二度と監督はやらない。友達を失うのはもう嫌だ

▼『天才の思考』

宮崎駿の「風の谷のナウシカ」は1984年3月に公開され、最終的に約91万人を動員、配給収入7億4200万円を記録します。作品への評価も高く、大成功といえる結果でした。

しかし、成功の裏では「事件」もありました。映画制作の主力となったトップクラフト社のスタッフが一斉に辞表を提出して去ってしまったのです。

60人近いスタッフが一斉に辞めるというのはまさに異常事態です。1本の映画をつくることで起きる、こうした厳しい現実に直面した宮崎は「監督は二度とやりたくない」と口にします。

---

自分がトップとして納得のいく映画をつくろうと思えば、机を並べて仕事をする仲間にも厳しいことを言わなければなりません。アニメーターの絵に対しても、意図が違えば、はっきりと「ノー」を言わなければならないでしょう。いわば、嫌われ者になり、孤独に耐える覚悟が必要になります。

反対に嫌われることを恐れて本音を隠せば、チームの空気は和やかになるかもしれませんが、クオリティーの高いものは生まれません。人を率いて最高のものをつくること、それはなれ合いを許さない孤独な戦いでもあるのです。

WORDS OF HAYAO MIYAZAKI 37

# 「一歩先」を見て余裕をつくる

アニメーションというのは共同作業ですからね。僕たちが時間をかけすぎると、次のパートを担当する人が困るじゃないですか

▼『天才の思考』

ものづくりの世界に「後工程はお客さま」という言葉があります。どんな仕事でも次の工程を受け持つ人はみな「お客さま」であり、渡したときに困らないよう良い仕事をしなければならないという考えです。

相手が「お客さま」である以上、不良品を渡すわけにはいきません。また、期日を守ることも大前提です。

高畑勲は宮崎駿にとってジブリ以前からの先輩です。高畑は毎週放映するテレビシリーズを一緒に制作しているときから、質を優先するあまり、進行が遅れる傾向がありました。そんな高畑に対し、宮崎は「現場は動いているんだから、早く絵コンテをくれよ」と言いたかったと振り返っています。

宮崎は長編の制作に入る前に、準備から完成に至るまでの綿密なスケジュールを組み立てます。作画に入るタイミングや、スタッフが空いている時期や期間などを明確にし、あとはそれに沿って「日々進むだけ」というやり方をします。

大勢を率いる立場にいる者は、現場を停滞させることは許されません。

だからこそ、常に先のことを考えながら、余裕を持って仕事をするのが宮崎の流儀でした。

WORDS OF HAYAO MIYAZAKI 38

# 「今ここにいる人」とできることを考えよう

少数精鋭というのは言葉の嘘でね、自分にない才能をもつ人間はいっぱいいるけど、自分が望んでいるような精鋭は存在しない。今ここにいる人間でやるしかないんです

▼『天才の思考』

世の中には「どれだけたくさんの人がいてもできる奴は少ない」と嘆く人が少なくありません。そういった考えを持つ人は、優秀な人間だけを集めた「少数精鋭」を理想としがちです。

しかし、少数精鋭は幻想だと宮崎駿は言い切っています。

宮崎によると、自分にない才能を持つ人はたくさんいても、心の底から信頼して任せられるような少数精鋭の集団は簡単にはつくれないと言います。

では、どうすればいいのか？

「今ここにいる人間でやるしかない」というのが宮崎の考え方です。

---

経営学者のピーター・ドラッカーは、どんな組織であっても、優れた人材を多数抱えることはできないといいます。

大切なのは「今ここにいる」人の知恵や力を引き出して成果へと結びつけていくことなのです。

映画制作には才能のある人と、誠実な仕事をする人が欠かせません。「いい人がいない」と嘆くのではなく、新人を誠実なスタッフに育てつつ、今いる人の才能や知恵を引き出して、成果を上げる。

それが宮崎の「今ここにいる人間でやるしかない」の意味でした。

WORDS OF HAYAO MIYAZAKI 39

# 部下の仕事に口を挟まない

アニメや映画の監督なんて、本心では自分の作品以外は絶対に認めないと決まっている。私も同じ

▼「日本経済新聞」2006・5・1夕刊、5・2朝刊

腕に覚えのある人や、上に立つ人は、どうしても部下や後輩のやっていることに口を出したくなるものです。「自分ならこうするのに」「なぜこうしないのか」と言いたくなってしまうのでしょう。そこで口に出すか、グッとこらえるかはリーダーにとって悩ましい問題です。

宮﨑駿は監督をやらないと決めてはいても、制作の現場にいると、あれこれ注文をつけたくなるといいます。これは自分でも認めています。

当然、宮﨑ほどの実績があれば、その注文は現場の人たちにとって助け舟になることもあれば、「あれこれうるさいな」と煙たがられることもあります。

1995年公開の「耳をすませば」は、近藤喜文が監督を務めていますが、その際も宮﨑は思うところがあり、あれこれ口を出してしまったと言います。そのため「自分が現場にいたらダメだ」と痛感します。

口を出したくなるのは「自分の作品以外は認めない」という監督の性《さが》とも言えますが、人を育てるには口を出すべきでないことは宮﨑も理解していました。

自分で課題を見つけ、それを自力で解決していく。この過程がなければ、人は成長しないのです。

WORDS OF HAYAO MIYAZAKI 40

# 新人は厳しく大切に育てよう

30人も新人入れたのは、こき使うため。最初にうんとしんどい思いしたほうがいいんだと、僕は言いはなっています

▼『CUT』2011・9

今の時代、「人手不足倒産」という言い方があるように、人が足りなくて最終的に事業をあきらめざるを得ないケースが少なくありません。

アニメーションの世界でも人手不足が深刻化しており、作画の制作を韓国や中国に依存しなければならない状況が随分前から続いています。

スタジオジブリが社員の募集を始めたのは「魔女の宅急便」からです。

しかし、人材の育成は思うように進みませんでした。そこで宮崎は10人以上の採用を提案します。2、3人の採用だと先輩につぶされてしまうことがあるからです。その結果、30人もの新人を採用したこともありました。

せっかく採用した新人に、宮崎はやさしい言葉ではなく、「鼻血がでるくらいやれ」と過激な言葉を投げつけました。

もっとも、厳しい言葉をかけたのは、最初にしんどい思いをした方が成長できるし、あとになって力を発揮できるからという宮崎なりの思いがあったからでした。

アニメーションスタジオはたった1人の飛びぬけた才能で大きく変わるというのが宮崎の考え方です。そんな可能性を秘めた「原石」を自分たちの手で育てるというのがジブリのやり方でした。

WORDS OF HAYAO MIYAZAKI 41

# 自分で見つけた答えに価値がある

いろいろ問題があったにしても、本人が解決していくしかないんですよ

▼『CUT』2010・9

人を育てるうえで大切なのは、「答えを自分で考えさせる」ことです。

上司からすれば、部下に指示をするときに最初に答えを教えれば、楽でしょう。仕事がスムーズに進みますし、失敗を避けることもできます。

しかし、それでは言われた通りのことしかできなくなってしまいます。

そうではなく、「自分で答えの出し方を考えさせた方が人は育つ」というのが宮﨑駿の考え方です。

宮﨑が映画の制作中にわからないことを先輩の高畑勲に聞くと、すぐに3つか4つの答えが返ってきたといいます。


ところが、そのなかに本当の答えがないこともありました。

その場合、教わった答えとは別の答えを自分で探さなくてはなりません。

それは、宮﨑が演出や監督をする以上、安易に他人に頼らないようにするための高畑なりの気遣いでした。高畑は宮﨑に、自分で答えを見つけることが大切だと伝えたかったのでしょう。

人はつい答えを先にほしがるところがあります。しかし、自分で考える過程を経るからこそ、さまざまな気づきがあるのです。宮﨑はその事実を自分の経験から実感したのです。

WORDS OF HAYAO MIYAZAKI 42

# 成長したことをきちんと褒める

褒められるってのは幸せなんですよ

▼『CUT』2013・9

「承認欲求」というのは、「自分を見てほしい」「話を聞いてほしい」などの、「他者から認められたい」という欲求です。

あまりに強すぎるものの問題ですが、承認欲求自体は誰もが持っているものでしょう。とくに自分が信頼する人や尊敬する人から、褒められることには特別の喜びがあるものです。

スタジオジブリと取引のある会社の人が、納品したものの素晴らしさを宮崎駿から直接褒められて、思わず泣いてしまったということがありました。現場で働く人たちにとって、宮崎から褒められることはやはり格別で幸せなことなのです。

「風立ちぬ」の制作中、長いスカートを履いた女性がスカートをさばいてサッと座るシーンを描くことに苦労しているアニメーターがいました。宮崎は「女房にやってもらってよく見て描け」とアドバイスします。結果、期待通りの絵ができたことで、宮崎は「よくやったなあ」と感動して褒めたといいます。

宮崎自身が「褒められることは幸せだ」と理解しているからこそ、素直に言葉をかけることができるのでしょう。

努力をきちんと認められることは、自然な形でモチベーションを上げることにつながっていくのです。

WORDS OF HAYAO MIYAZAKI 43

# 若い人が挑戦できる機会を用意しよう

いつまでも俺たちジジイが映画を作っていてもしょうがない。若い人に機会を与えようよ

▼『天才の思考』

企業が永続するためには、人を育てることが欠かせません。とくに創業者が圧倒的な力や才能で組織を発展させた場合、「次の人材」をどう育てるかは大きな課題です。それはスタジオジブリと宮崎駿にとってても同様でした。

宮崎は「となりのトトロ」（1988年公開）の制作時、「若い人に機会を与えよう」と、「魔女の宅急便」（1989年公開）の監督に片渕須直《かたぶちすなお》（のちに「この世界の片隅に」を監督）を抜擢します。

結局、その後、片渕が演出補、宮崎が監督となったことで、目指した後輩の育成は頓挫しました。

2009年、宮崎は再び「若手の監督を起用する」と宣言、「借りぐらしのアリエッティ」（2010年公開）の監督に米林宏昌を起用します。

このとき、宮崎は途中から一切制作に関わりませんでした。そして初号試写を見終わった宮崎は、立ち上がって拍手し、「完璧。よくやった」と絶賛したといいます。ジブリにとって初めての新人監督の誕生でした。

若い人に活躍の場を提供すれば、新たな才能や活路を見出すことができます。

人の育成は難しい仕事ですが、やりがいのあることなのです。

WORDS OF HAYAO MIYAZAKI 44

# チームを率いる責任を持つ

ブリッジにいる人間がね、「僕らもわからないんで、教えてください」って言ったって、みんな困るだけだから

▼『CUT』2010・9

スタジオジブリの設立は１９８５年のことです。その後、親会社の徳間書店に吸収合併されますが、２００５年に徳間書店から独立します。

さまざまな動きがあったものの、一貫してその中心にいたのは宮﨑駿と鈴木敏夫でした。

アニメーション業界の人材の枯渇や、映画の視聴環境の多様化によって、映画産業の未来が予測できないという現状に、宮﨑と鈴木はともに強い危機感を感じてきました。

宮﨑は自分たちのことを「船のブリッジ（操舵室）にいる人間」と評しています。

ブリッジにいる人間がどちらの方向に進めばいいのか迷っていると、乗組員は困ってしまいます。宮﨑は、経営者として、また、先頭に立つ者として、その責任を強く自覚していました。

だからといって、座礁してから騒ぐのでは組織に悪影響を与えるでしょう。

だから、宮﨑は「降りるなら鈴木さんと『１、２の３』で降りよう」（『ＣＵＴ』２０１１・９）と考えているのでした。

働く人を不安にさせることなく、仕事に集中できる環境を整えていく。これが、大きな組織を率いるリーダーの使命なのです。

WORDS OF HAYAO MIYAZAKI

# 第五章

# ショービジネスの裏側

WORDS OF HAYAO MIYAZAKI 45

# 小さなチャンスを大成功に変える

ほんっとの感想っていうのは、とにかくこれで潰れなかったっていうことでしたね。また、ものを作るチャンスがめぐってくるかもしれないなって思って、本当にほっとしたんですよ

▼『SIGHT』2002 WINTER

映画に限らず、ものをつくることには期待と同時に大きな不安がつきまとうものです。宮崎駿にとって「風の谷のナウシカ」（1984年公開）は「映画の仕事の唯一のチャンス」（『コミックボックス』1995・1）であり、逃すわけにはいかないものでした。

けれども、従来のアニメーションにありがちだった「少年のヒーローが悪者をやっつける」ストーリーとは違っていたこともあり、「成算がまったくなかった」（同）というほど不安の多いものでした。

それでも徳間書店や博報堂の支援を受け、制作にトップクラフトなどが参加。

最終的には約91万人の動員と配給収入7億4200万円を記録し、「キネマ旬報」の1984年ベストテン日本映画7位に選ばれるなど、高い評価を得ます。

こうした成果を受け、宮崎は「やった」ではなく「ほっとした」という言葉を口にします。劇場用アニメーションの制作には多くの時間とお金がかかるだけに、「ナウシカ」が成功したことで「また、ものをつくるチャンスがめぐってくるかもしれない」というのが正直な感想でした。

言葉通り、この成功が次の「天空の城ラピュタ」とスタジオジブリのスタートにつながっていったのです。

WORDS OF HAYAO MIYAZAKI 46

# 「実は好きでした」に甘えない

あとで時間が経ってから「あれ好きです」なんて言われたってね、なんのつっかえ棒にもなんないんです。結局、それで作品を作るチャンスを失うわけですから

▼『SIGHT』2002 WINTER

地方の老舗百貨店が閉店することが決まると、閉店当日、たくさんの人が訪れます。そして、口々に「昔は百貨店というとここだった」「思い出がいっぱい詰まっている」といった感想を語るニュース映像が流れます。それを見ると、「でも、みんなが利用しなくなったからなくなるんだよ」と思ってしまいます。

宮崎駿の映画「風の谷のナウシカ」と「天空の城ラピュタ」は興行的に成功しましたが、次に同時公開された「となりのトトロ」と「火垂るの墓」は、配給収入が2本合わせて「天空の城ラピュタ」とほぼ同じと、興行的には「はずれ」でした。

作品への評価は高かったものの、宮崎自身、「これはもうひどかったです」と振り返っているほどです。

とはいえ、いずれもテレビで何度も放送されたり、「火垂るの墓」などはネットフリックスを通じて世界に配信されたりと実績を残しています。

しかし、現実の興行の世界で数字が伴わなければ、「失敗」したのも同然です。「ヒットはしなかったけど実は好きでした」はうれしい言葉ではあっても、目の前のチャンスを切り開く力にはなりません。これが興行の世界の難しさであり、厳しさなのです。

WORDS OF HAYAO MIYAZAKI 47

# 仕事をするうえでの原則を明確にしよう

おもしろいこと　作るに値すること　お金が儲かること

▼『仕事道楽　新版』

クリエイターのなかには「いいもの」をつくることを優先して、お金のことについてあまり深く考えない人がいます。

しかし、いいものをつくっても、それがすぐにお金儲けにつながるとは限りません。画家のなかには生前は貧しく、死後に評価が高まる人が多いのも、事実です。

映画も例外ではなく、いい作品をつくっても興行的に成功しない人が少なからずいます。

鈴木敏夫によると、宮﨑駿にはいつも口にしている「映画づくりの3原則」があるといいます。それは「面白いこと」「つくるに値すること」「お金が儲かること」。


この条件がそろって初めて映画を制作する意味があるというのです。

若いスタッフに対しても、「映画とはまず、おもしろくなければいけない。次に、いいテーマでなければいけない。最後に、商売なんだからちゃんと儲けなければいけない」（『仕事道楽　新版』）と、3つの原則を伝えていました。

鈴木によると、現代の映画監督は、一度コケると、再びチャンスが訪れることはないといいます。内容が良くても興行的に失敗すれば、作品の評価もNGなのです。宮﨑は3つの原則をすべて叶える稀有な存在でした。

WORDS OF HAYAO MIYAZAKI 48

# 過去の成功をひきずらない

ヤマトとか、ガンダムとかね。そういうものに、縛られると最悪なことになりますから、なるべく自分が作ったものは、足蹴にして観ないようにして、別なことを始める

▼『CUT』1997・9

映画やドラマ、小説の世界で1つの作品が大ヒットすると、2作目、3作目と続編がつくられるのは世の常でしょう。

一般の製品でも1つが大ヒットすると、それに改良を加えながら「シリーズ」の販売が続くことになります。

続編は、1作目に比べて多少数字は下がるものの、ある程度の売れ行きが見込めるだけに、まったく新しいものをつくるよりはリスクの低い方法だといえます。

庵野秀明が監督を務めた「エヴァンゲリオン」シリーズも、テレビアニメシリーズで脚光を浴びたあと、劇場作品が1990年代に3本、2000年代に4本制作されています。

しかし、宮崎駿はこうしたシリーズものに縛られるのはよくないからと、「稼いだ金で姿をくらませ」と庵野に言ったことがあるといいます。

庵野は「私はスタッフを抱えているから」という常識的な返答をしますが、宮崎は「スタッフなんてお前のことなんか考えていないんだから」と出ていくことを勧めたといいます。

ジブリでは、作品がどんなにヒットしてもその続編をつくっていません。過去に縛られず、新しく挑戦し続けるのが宮崎の流儀でした。

WORDS OF HAYAO MIYAZAKI 49

# お金には意味のある使い方がある

僕だって欲しいものはいろいろある。ボロ家に住んでるからいい家に住んでみたい。好きな車も買いたい。しかし、（中略）ここは、見栄と意地を張ってもう少し意味のあることに使いたい

▼『天才の思考』

「お金は稼ぐより使う方が難しい」と言う人がいます。お金を稼ぐのはもちろん大変ですが、それ以上に、手にした大金を自分の贅沢のために使うのか、堅実に蓄えるのか、世の中のために使うのかなど、適切な使い道を考えるのは簡単ではありません。どのように使うかで、その後の生き方も変わってくるでしょう。

「風の谷のナウシカ」は、配給収入7億4200万円を記録します。

当時、会社に所属するアニメ監督の収入は給料制が一般的でしたが、プロデューサー的な役割を果たしていた鈴木敏夫は「この映画の著作権は宮崎にもある」として、配収に応じた一定の収入が得られるようにしていました。

鈴木によると、宮崎は「これまでに見たこともないような金額」を手にしたといいます。しかし、宮崎は、そのお金を家に使うか、車の購入費に充てるかなどと考えた末に高畑勲の映画「柳川堀割物語」に注ぎ込むことを決意します。

ある意味、「やせ我慢」と言えますが、それでも映画は完成せず、さらに資金が必要になった宮崎は「天空の城ラピュタ」の制作に取り組みました。

宮崎が得た報酬は、新たな感動を生み出すために使われたのでした。

WORDS OF HAYAO MIYAZAKI 50

# つくったものに強い自信を持つ

こんなに内容をばらしちゃったら、映画を見に行く気がしなくなるじゃないか！

▼『天才の思考』

2023年に公開された宮﨑駿の『君たちはどう生きるか』は、公開前にほとんど内容が明かされず、宣伝もしないことが話題になりました。しかし、興行収入は90億円を超える大ヒットとなっています。

ジブリの作品というと、「魔女の宅急便」(1989年公開)で企業とタイアップをし、日本テレビの協力を得て宣伝を行って以降、派手な宣伝を展開してきたイメージがあります。

しかし、宮﨑駿は「千と千尋の神隠し」(2001年公開)が大ヒットした際に、「宣伝がすごかったからヒットした」という多くの声を聞き、激怒したといいます。

スタッフのなかにも、ヒットした要因は宣伝のおかげだと考えている人もおり、宮﨑は宣伝のあり方について悩みました。そして、「ハウルの動く城」(2004年公開)では「宣伝しない宣伝」で臨むことを決意したのです。

当初は情報量の少なさを不安視する声もありましたが、最終的に『もののけ姫』(1997年公開)を超える196億円の興行収入を記録、大ヒットします。

いくら宣伝しても駄作をヒットさせることはできません。自分たちがつくりあげたものに絶対的な自信があれば、宣伝に依存しすぎる必要はないのです。

WORDS OF HAYAO MIYAZAKI 51

# 小成功に満足せずリスクを取ろう

「ナウシカ」の後、「ナウシカ2」を作らないかとか、あれと似たようなものを作らないかっていう要求は、当然会社のほうから出たわけですけども、なんか裏切りたいんですよね

▼『SIGHT』2002 WINTER

宮﨑駿にとって「風の谷のナウシカ」は自ら漫画を連載してまで制作にこぎつけた作品だけに、観客動員数約91万人、配給収入7億4200万円を記録したことは喜ばしいことでした。

仕事のチャンスがないことへの苛立《いらだ》ちからの「逆転劇」は成功しましたが、問題は「次に何をつくるか」でした。

映画に限ったことではありませんが、最初の作品が失敗すると次のチャンスが一気にしぼむのに対し、作品がヒットすると「ぜひ次を」となるものです。

徳間書店からは、「ナウシカ2」をつくらないか、「ナウシカ」に似たものをつくらないかとしつこく言われました。

宮﨑は「どうしようかな?」と迷ったものの、「色がついてしまうのは嫌だな」という思いから続編の制作を拒否。スタジオジブリを設立して、「天空の城ラピュタ」の制作を決めます。

ヒット作の続編というのは、多少売り上げが落ちても、ある程度の集客、収入が見込めるだけに、比較的採用されやすいものです。

しかし、宮﨑は「○○の宮﨑さんですね」とイメージが定着してしまうことを嫌って、あえて続編拒否というリスクを選んだのでした。

WORDS OF HAYAO MIYAZAKI 52

# 成功するために「運」を味方につけろ

幸運も大事な才能です。それは二十一世紀になってもちっとも変わらないんじゃないかと思います

▼第62回ベネチア国際映画祭 記者懇談会

宮崎駿が手掛けるような長編アニメーション映画には、多くの時間と資金が欠かせません。宮崎はしばしば新作をつくるにあたって、「これが最後かも」という言葉を口にしていますが、その背景には、莫大なお金をかけてつくっても、もし観客が入らなければ次はない、という不安があるからでしょう。

宮崎が「風の谷のナウシカ」を制作することができたのは、のちにスタジオジブリの社長となる鈴木敏夫との出会いがあったからでした。

しかし、資金面で困窮しなかったのは、徳間書店の創業者・徳間康快《やすよし》の理解と支援があったからでしょう。

「やっぱり本当に徳間社長と出会ったっていうのは、自分たちにとってものすごく大きな道が開ける理由になった」（『SIGHT』2002 WINTER）

1983年、徳間が「ナウシカ映画化」を発表したことで制作が本格的にスタートしますし、「もののけ姫」の制作に16億円かかるという鈴木に徳間は「20億円にしろ」と指示します。

宮崎は成功には「才能と努力と幸運」が必要と語っていますが、徳間との出会いという幸運がなければ、その後の成功はなかったかもしれません。

WORDS OF HAYAO MIYAZAKI

# 第六章

# 限界を超えて成長する

WORDS OF HAYAO MIYAZAKI 53

# 成長するための「目標」を定めよう

（ディズニー作品を）観終わると、とぼとぼ自分の席に帰ってきて、自分の描いている絵を見て、「いやだな、情けないな」と思いました

▼『天才の思考』

ウォルト・ディズニーが短編アニメ「蒸気船ウィリー」を完成させたのは1928年のこと。初めての音入りアニメでした。この作品が大ヒットしたことで、ミッキーマウスは全米の人気者となり、ディズニーのアニメ映画も軌道に乗ります。

1963年に東映動画に入社し、アニメーターとなった宮崎駿もまた、ディズニーのアニメに衝撃を受けた1人でした。

若き日の宮崎や高畑勲は、自分たちの作品をつくる前に参考試写といって、ディズニーの作品を借りてきてスタジオで上映会を開いていました。

宮崎は作品を観終わったあと、自分の描いている絵を見て、「情けないな」と思ったといいます。それほどディズニー作品の完成度は高いものでした。

当時の宮崎は、ディズニーと自分たちの作品を比較しながら、この差をどう埋めていけばいいのか悩んだようです。

「ベンチマーキング」という考え方があります。ライバルと自分たちを比較して、その差を知ることで、ギャップを埋めていこうという考え方です。

当時の宮崎にとってディズニーアニメは、はるか雲の上の存在でありながら、必ずや追いつき追い越したい存在でもあったのです。

WORDS OF HAYAO MIYAZAKI 54

# 仕事を覚えながら成長しよう

誰かの弟子になりたいとも思わない人間なんですよね。描けないのに弟子なんかになったら恥ずかしいじゃないですか

▼『SIGHT』2002 WINTER

宮崎駿は大学入学後、一時は漫画家を目指しますが、最終的にアニメーションを選び、東映動画に入社しました。

漫画家になりたかった理由は、「なんか自由が手に入るんじゃないかっていう、全然訳のわかんない錯覚を持ってた」（『SIGHT』2002WINTER）からでした。実際に時代劇の漫画を描いて、貸本屋の漫画を制作している会社に持ち込んだこともあります。

ところが、「うちは時代劇を扱っていない」と言われたことと、そんな対応をする奴に自分の運命を委ねたくないという気持ちから、とくに落胆することもなかったといいます。

では、誰かのアシスタントになる気はなかったのでしょうか？

宮崎はプライドが高く、泳げないのにスイミング・クラブには行きたくないし、車の運転ができないのに教習所に行くのは嫌だという考え方をします。漫画家の弟子についても同様で、「描けないのに弟子なんかになったら恥ずかしい」という理由で独学の道を選びました。

やがてアニメーションの世界に入った宮崎は、覚えたことを作品で出すというより、作品を手掛けながらたくさんのことを覚え、成長していくことになります。

WORDS OF HAYAO MIYAZAKI 55

# 自分の仕事だと誇れるものをつくろう

このままこうやってレイアウトだけやってる人生を送ってたら、おしまいだなあと思った

▼『SIGHT』2002 WINTER

「となりのトトロ」が公開されたのは1988年のこと。しかし、宮崎駿が「トトロ」について考え始めたのは、それより10年以上前、1976年に高畑勲たちとテレビシリーズの「母を訪ねて三千里」を手掛けていたときのことです。

当時、宮崎はアニメーションの現場にはいても、おもにレイアウト（絵コンテと原画の間をつなぐ作業。登場するキャラクターや背景がどのように配置されるのかを指定する役割）の仕事を担当していました。

演出や監督の経験はなく、「レイアウトをするだけの人生を送っていたらダメだ」と思った宮崎は、日々仕事に追われても、眠い目をこすりながら自分の頭の中にあるトトロのスケッチを描いていたといいます。

宮崎によると、当時のトトロは「あそこ（映画で描かれた最終形）まで形になってたわけじゃない」（『SIGHT』2002WINTER）と言いますし、アニメーションになる可能性も低かったようです。

けれども、宮崎は何とかして「トトロ」を形にしたいと強く願っていました。

いつか「これは自分のものだ」と胸を張って言えるものをつくりたい。それが若き日の宮崎の思いだったのです。

WORDS OF HAYAO MIYAZAKI 56

# 名作には人の人生を変える力がある

（「雪の女王」を見て）ぼくは、アニメーターであることに感謝した。いつかは、自分たちにも機会がまわって来るかもしれない。腰をすえてこの仕事を続けようと、覚悟が決まった

▼『日本映画の現在 ～講座日本映画（7）』

1957年に旧ソ連で制作されたアニメ映画「雪の女王」は、宮崎駿にとって〝運命の映画〟と言われています。

1963年、宮崎は大学を卒業して東映動画に入社、アニメーターとして働き始めます。しかし、制作中の作品にも、企画案にも納得できず、漫画家への夢も捨てられず、不安定な日々を送っていました。

そんなある日、労働組合が主催した映画会で「雪の女王」を見て、大きな衝撃を受けます。「ひたむきに純粋に、素朴に強く、貫く想いを描くとき、アニメーションは他のジャンルの最高の作品たちに少しも負けずに、人の心を打つのだ」（『日本映画の現在 ～講座日本映画（7）』）と実感します。

以来、宮崎はテープに録音したロシア語原板の音声を職場でずっとかけていました。それほど「雪の女王」に魅了されたのです。

と同時に、宮崎は自分がアニメーターであることに感謝し、「腰をすえてこの仕事を続けよう」と、強い覚悟を決めたのでした。

1つの作品が宮崎の、そして日本のアニメの歴史を変えたのです。名作にはそれほど強い力があるのです。

WORDS OF HAYAO MIYAZAKI 57

# つまらない仕事でも全力でやる

とにかく、全力投球をすること、どんなつまらない仕事でも何か発見して、少しでも前進すること

▼「しんぶん 赤旗 日曜版」1998・4・26

宮崎駿は東映動画に入社して1年余りが過ぎた頃、アニメーション映画「雪の女王」を見て、アニメーターとして生きていく覚悟を固めました。

その一方で、自分が手掛けている仕事やつくっている作品と、「雪の女王」との差に愕然としたといいます。

宮崎は「雪の女王」に負けないものをつくりたいという強い思いを胸に仕事をしますが、「自分の表現したいものと自分の腕とのギャップ」(「しんぶん　赤旗日曜版」)を思い知ることになります。

「ちゃんと修業しないとダメだ」と気づいた宮崎は、以来、どんなつまらない仕事でも全力投球するようになります。

全力で仕事をして、改善すべき点を発見し、ほんの少しでもいいから今日の自分より成長する。

どんな仕事でもそうですが、「こうなりたい」という理想があっても、一気にそこに行けるわけではありません。日々全力で取り組むなかで、ほんの少しでも前に進む。その小さな積み重ねがあってこそ、初めて高みに上がることができるのです。

宮崎の努力の日々を支えたのは「前進し続けないと、本当に大事なときに力を発揮できない」という思いでした。

WORDS OF HAYAO MIYAZAKI 58

# 先人の功績に独自の色を追加する

僕らはリレーをやってるんです。だれかからバトンをもらった。（中略）でも、それをそのまま渡すんじゃなくて、自分の体の中を通して次のやつに渡す

▼「しんぶん　赤旗　日曜版」1998・4・26

「巨人の肩の上に乗る」という言葉があります。どんな偉大な発明や発見も、先人たちの功績があるからこそ実現できるという意味です。

今を生きる私たちは過去の遺産を継承しつつ、独自の成果を「加えて」人類にお返しすることが必要なのでしょう。

宮崎駿は若い頃に手塚治虫の漫画に強い影響を受けました。日本で最初のアニメーション「白蛇伝」も3日続けて見に行くほどの衝撃を受けています。

また、東映動画に入社してからは「雪の女王」を見てアニメーターとして生きる覚悟を固めています。


---

こうした影響を宮崎は「リレー」にたとえ、「バトン」をもらったのだと表現しています。

宮崎がアニメーションの仕事を続ける決意ができたのは、優れた先人がいたからこそですが、その仕事をなぞるだけではダメだと考えました。先人たちの功績に自分の工夫やオリジナリティを付け加えることで、さらに素晴らしいものをつくり、それを次世代に引き継ぐことが大切だと考えていたのです。

先人を尊敬しながらも、その偉業を超えていくという気概を失わない。そんな姿勢が人類の進歩を実現するのです。

WORDS OF HAYAO MIYAZAKI 59

# 先輩の言葉を受け入れよう

みんな自分よりバカだと思ったらおしまいですよね。（中略）先輩は先輩として受け入れてる人間のほうがちゃんと着実にやっていきますよ

▼『SIGHT』2002 WINTER

宮崎駿は当初、漫画家になることを目指していましたが、自分は漫画家には向かないと考え、アニメーションをやるために東映動画に入社します。

しかし、入社した当初は、「会社の歯車になりたくないから」と残業をしないで定時に退社したり、仕事中に机の上に足をのせたりして、怒られるような社員でした。

しかし、しばらくして労働組合の書記長を務めるようになり、副委員長だった高畑勲と出会ったこと、アニメ映画「雪の女王」を見て強い衝撃を受けたことなどをきっかけに本気でアニメーションに向き合うようになります。

宮崎によると、人は職場で先輩からものの考え方や、心構えを叩き込まれることで、ようやく職場に定着することができるのだといいます。

一方、職場の先輩よりも自分の方が才能があるからと、助言も聞かずに自分のやり方を無理に通そうとする人はあまり伸びないといいます。

「先輩」といってもいろいろな人がいますが、それはそれとして受け入れ、学ぶべきことは学び、身につけるべきことは身につける人の方が着実に伸びるのだ。宮崎はそのように考えていました。

WORDS OF HAYAO MIYAZAKI 60

# 教養を身につけるために本を読もう

本は読まなければいけないとは思っていました。面白いからではなく、「読まなきゃいけない」と思い込んでいたんです

▼『本へのとびら』

2024年6月に全国学校図書館協議会が小学4年生から高校3年生までの児童・生徒を対象とした「読書」に関する調査結果を発表しました。

その調査によると、本を読んでいる割合は小学生が9割に対し、高校生は5割と学年が上がるにつれて低くなる傾向にありました。21歳の若者の6割は本をまったく読まないという調査もあり、活字離れは深刻だと言えます。

宮﨑駿は早くから本に親しみ、学生時代は児童文学研究会に所属。児童書も随分読んでいたといいます。

宮﨑にとって、本は「楽しむ」というより「読まなきゃいけない」ものだったといいます。かつて、学生は本を読むのが当たり前だっただけに、教養として「これくらいは読んでいないと恥ずかしい」という時代でもありました。

そんな宮﨑だけに、鈴木敏夫と本の話題になったときに、「読んでない」と聞くと、「無知ですね」と容赦ありません。

また、本を読んでいないスタッフにも「無知蒙昧。覚悟も教養もない」と手厳しい言葉を投げかけます。

教養は仕事に直結するものではありませんが、取り入れることで確実に人生が豊かになるのです。

WORDS OF HAYAO MIYAZAKI 61

# 「これ以上何をすれば？」のレベルを目指そう

「自分はギリギリまでやった」という思いしかない。それを「ダメだ」と言われたら、「そうですか、ダメですか」と言うしかないです

▼『折り返し点』

長編アニメーション映画の制作にはたくさんの人と時間、そしてお金が必要です。その大変さを宮崎駿はこう話しています。

「描いてるときは、（中略）ほんともう、つらいだけなんですよ。（中略）つらいだけっていうのは、肩も凝るからつらいんですけど、（中略）あとはどうしていいかわかんないつらさが、こうクロスしてきますから」（『SIGHT』2002 WINTER）

アニメ制作は大変な重労働ですが、それだけではなく、より良い作品をつくるための精神的な苦労も大きいということでしょう。

---

それだけの労力やエネルギーを注ぎ込むので、アニメーションを1本つくったあとは心底ヨレヨレになるといいます。

いいものをつくろうと、スタッフを鼓舞しながらようやく完成にたどり着くのが宮崎の作品だけに、できあがったときにはいつも「やることはすべてやった。これ以上、何をやれというのだ」という心境になるといいます。

中途半端な努力や妥協の末に生まれたものには後悔がつきまといますが、「自分はギリギリまでやった」という思いがあれば、他人がどう評価するかは気にならないのです。

WORDS OF HAYAO MIYAZAKI 62

# 限界を超えて走らなければならないときもある

僕は体に自信があったわけじゃなかったけど、仕事に入ったら体はもつものだと思っていました

▼『風の谷のナウシカ GUIDE BOOK』

今の時代、過度な長時間労働は好ましくないものとされています。

しかし、企業の創業期や本当につくりたいものに夢中になっているときは、ガムシャラに働くこともあるでしょう。ここ一番の「踏ん張り」が必要なときには、苦痛だと感じないこともあります。

宮崎駿は大学を卒業して東映動画に入社した当時はそれほど熱心な社員ではありませんでした。

まわりのことなど気にしないで定時で帰ることもありましたが、「雪の女王」を見た頃から意識が変わり、腰を据えて仕事をやるようになります。

やがて高畑勲たちとともに、「パンダコパンダ」などを手掛けたAプロダクションを経て、「アルプスの少女ハイジ」「未来少年コナン」などを制作したズイヨー映像に移籍しますが、その頃の宮崎のバイタリティーはすさまじく、「人間マシーン」と呼ばれていたようです。

宮崎によると、当時は仕事が終わったら床で寝て、起きたら這《は》い出してまた描くという生活で、「病気になるのはやる気がないから」という雰囲気さえあったといいます。そんな非人間的なエネルギーが求められる時代が存在したというのもまた、事実なのです。

WORDS OF HAYAO MIYAZAKI 63

# 困難ななかでも「ほんの少し」の努力をしよう

なにか作品を出すときに、志をもっていたほうがいいし、しかもその志が大きければ大きいほどいい

▼『アニメージュ文庫』発刊記念講演

ものづくりにはこだわりが必要です。

しかし、予算や人、納期といった現実的な制約のなかで、どうしても「これくらいでいいか」「これ以上は無理かな」という妥協が生じることがあります。その結果、初期の目標と比較して、100％の達成が困難になることがあります。

アニメーションの現場でも、事情は変わりません。たとえば、つくりたい映像があっても、技術的にどうしてもできないことがあります。

けれども、そこに大きな志があるなら、その理想に作品を近づけるべく、「一センチ、それが無理なら一ミリでもいいから ツメ寄ろうという気構え」（『アニメージュ文庫』発刊記念講演）を持てるはずだと宮崎は言います。

一方、志がないと、大した努力をすることもなく、「これくらいでいいか」と妥協することになってしまいます。

現実的には、組織の方針や顧客の意向もありますから、努力だけで突破することは難しいかもしれません。

しかし、安易に妥協をするか、「ほんの少し」でも努力を続けるかどうかは、作品に確実に影響します。そして、その「ほんの少し」の努力は、その人を着実に成長させるのです。

WORDS OF HAYAO MIYAZAKI 64

# 手を動かしながらスキルを上げろ

その過程（「太陽の王子　ホルスの大冒険」の制作過程）の中で仕事を覚えていったんです。覚えたことを作品で出したんじゃなくて、その作品で覚えたんです

▼『風の谷のナウシカ GUIDE BOOK』

宮崎駿が「青春そのものだった」と振り返った作品があります。それが1968年に公開されたアニメ映画「太陽の王子　ホルスの大冒険」です。宮崎が東映動画に入社して3年目に、制作に参加した作品でした。

しかし、制作に長い時間を費したにもかかわらず、興行的には期待通りの成果を上げることはできませんでした。

時間がかかった理由について宮崎は「それまでになかった傾向の作品をつくろうとしたから」だと言います。

また、理想と実力とのギャップが大きく、その差を埋めるために時間がかかってしまったとも振り返っています。

実際、宮崎は作品をつくりながらたくさんのことを覚えていきました。そのため、作品をつくり終えたあとは「どの仕事をしても楽だった」と話しています。

座って知識を身につけるよりも手を動かしながら学ぶ方が、体に早く感覚を覚えさせることができます。

また、実践的な経験が得られるため、あとで役立つ場面も多々あるでしょう。

「太陽の王子　ホルスの大冒険」完成から3年後、宮崎と高畑はAプロダクションに移ります。「ホルス」制作時の貴重な現場経験が糧となったのです。

WORDS OF HAYAO MIYAZAKI 65

# 大事なのは「自分」の評価

誰かに言われるから問題があるんじゃなくて、
自分に言わなくてすむものを作ろうと努力するしかない

▼『熱風』2007・11

ものづくりには批判がつきものです。私たちはどうしても外部からの評価に一喜一憂してしまいがちですが、気にすべきなのはそこではありません。大事なのは、作品をつくった人間がその出来に納得しているかどうかなのです。

宮﨑駿は若い頃に「雪の女王」を見て、ニメーション映画をつくる仕事を「やるに値する仕事だ」と確信します。以来、ア「やアニメーションづくりには志が大切だと考えるようになりました。

ただ、アニメーション映画の制作には多くの時間とお金がかかるだけに、それらの制約に縛られることが多々あります。

しかし、宮﨑はいくら制約があったとしても、「こんなもの、つくらない方が良かったんじゃないか」と言われるようなものは手掛けないようにしてきました。

そして、ここで言う「言われる」は、他の人に言われるのではなく、「高い志を持った自分」に言われないようにしよう、ということです。この妥協を許さない姿勢が、宮﨑の映画が評価される最大の要因なのでしょう。

他人の評価より、まずは自分が良いと思えるのか？　このように絶えず自問することで、まわりから称賛される仕事ができるのです。

# 第七章

# 宮崎駿の生き方・考え方

WORDS OF HAYAO MIYAZAKI

WORDS OF HAYAO MIYAZAKI 66

# お世話になった先人を敬う

近所にあるお墓にいって、両親をはじめお世話になった人を拝むんです。会ったことがなくても、書かれたもので、僕が目を開かされた方々のことも拝む

▼『天才の思考』

宮崎駿は、朝の2時間程度を体操やゴミ拾い、散歩などに充てています。

人間は年を重ねると衰えが出てくるため、体調管理をかねてのことですが、散歩の途中には近所にあるお墓に行って、両親をはじめ、「お世話になった人」を拝むといいます。

お世話になった人というと、普通は恩師や上司、先輩、仕事で世話になった人を指すものですが、宮崎の場合は少し異なります。作家の司馬遼太郎や、植物学者の中尾佐助、考古学者の藤森栄一なども拝む対象になるのです。

司馬の墓は京都にありますから簡単には参拝できませんが、近くに墓がなくても、あるいは直接会ったことがない人でも、宮崎は「目を開かされた方々」という理由で拝みます。

人が正しい道を歩むためには、手本となる良きロールモデルの存在が欠かせません。それは直接関わった人である必要はなく、本を通して知り合った人でもいいのです。

自分に新たな知識や視点を与えてくれた人や、折にふれて「あの人ならどうするか」と自問するような人は、みな自分にとっての師であり、「恩義のある人」だというのが宮崎の考え方なのです。

WORDS OF HAYAO MIYAZAKI 67

# 仕事に向き合うための習慣をつくろう

（年を取って）自分の能力がどんどん剥げ落ちてきたから、規則正しい生活を送っていないと、仕事のペースが維持できない

▼『天才の思考』

宮崎駿は1941年生まれで、すでに80歳を超えています。

60歳になった頃、宮崎は「老人の初心者に入った」(『CUT』2008・9)と話しており、「準備動作が長くなった」とも語っています。

それでも20年以上、最前線で指揮をとってきました。2023年には、「君たちはどう生きるか」を公開するなど、いまだに精力的に活動を続けています。そこにはどんな秘密があるのでしょう?

宮崎は、朝起きたら、まずたわしで体をゴシゴシとマッサージします。そして、体操をしたあと、ゴミを拾いながら散歩をして、コーヒーを飲み、自分で決めたスケジュールを2時間ほどかけてこなしてから、ようやくスタジオジブリへと向かいます。若い頃は寝ぼけ眼で机に向かって仕事をしていたのに、今ではこうした日課をこなすことが習慣になっているというのです。

朝の習慣には、どんな意味があるのでしょうか?

宮崎によると、年を取ると能力が低下してしまうので、節制して規則正しい生活を送らなければ仕事のペースを維持できないそうです。このストイックさが宮崎を支えているのです。

WORDS OF HAYAO MIYAZAKI

# 68

## 今あるものでベストを尽くせ

人手がないとかお金がないっていうのはこちらの内部事情にすぎなくてね。金を払うほうにとってみりゃあ（関係ない）

▼『SIGHT』1990・1

企業は「望む条件」がすべて整ってから物事を動かすわけではありません。

ほとんどの企業は、「人が足りない」「もう少しお金があれば……」といったさまざまな制約と戦いながら事業を進めています。

宮崎駿によると、アニメ制作の現場も同様で、常に制約や限界との戦いだといいます。

実際に目にする「本当の風景」と、自分たちが描いた「絵」を比べると、どうしてもその差を意識せざるを得ません。

リアルな風景に近いものを描いて作品のクオリティーを高めたいと思っても、現実的には、お金、時間、人、技術などのリソースが足りません。そのため、どうしてもあきらめざるを得ない場面が出てきます。

仕方のない部分もありますが、宮崎は、それを言い訳にしてはいけないと考えてきました。

「○○がないから」というのはつくり手の事情であり、それはお金を払って劇場に来てくれるお客さんにとっては関係のないことです。

「与件のなかで戦え」という言葉がありますが、限られた条件のなかで最善を尽くすのが宮崎の考え方なのです。

WORDS OF HAYAO MIYAZAKI 69

# ブランドにあぐらをかかない

宮崎駿という人間がやったから観に来ようと思うお客さんなんて、ほんのわずかだと思いますよ！

▼『CUT』1990・1

企業にとって、ブランドの持つ価値は絶大なものがあります。ブランドを築くことは難しいことですが、いったん確立されてしまえば他社を圧倒する力になるからです。

実際、「世界一の投資家」と呼ばれるウォーレン・バフェットは企業の利益や有形資産と同じくらいブランド力を評価しており、だからこそコカ・コーラやアメリカンエキスプレス、アップルなどに多額の投資をしているのです。

日本のアニメーション映画において、スタジオジブリと宮﨑駿の持つブランド力は圧倒的です。

しかし、宮﨑はブランドという呼び方そのものを嫌がっています。「ブランドものが好き」な人たちは、自分の感性で判断しているのではなく、「みんなが選んでいるから選ぶ」という発想だからでしょう。「なんでもかんでも『ファンです、好きです』って言ってもらいたくない」（『CUT』1990・1）とも発言しています。

宮﨑はこれまでの成功に関しても、自分たちの実力というより、「幸運だった」と謙虚に捉えてきました。

ブランドは努力し続けるからこそ守れるものですが、その上にあぐらをかいていると案外と壊れやすいものなのです。

WORDS OF HAYAO MIYAZAKI 70

# 相手がどんな人でも平等に接する

職業によって人の扱いを変えることだけは絶対にしなかったつもりなんです

▼『SIGHT』2002 WINTER

宮崎駿は1941年生まれですから、戦争中に生まれています。

父親は宮崎飛行機という1000人超の工員を抱える会社を経営し、航空機生産の大手だった中島飛行機に部品を納入していました。そのため、宮崎は戦争中も戦後も多くの日本人が味わった「食べるものがない」という生活を経験したことがありません。

そうした背景が影響しているのか、宮崎はスタジオジブリを率いるようになってからも、仕事を請け負ってくれる外注の人や、オフィスの掃除をしてくれる人などに対して「申し訳ないという気持ち」を持ち続けてきました。

あるとき、面倒なカットを外部のプロダクションに依頼したところ、その出来がとても良かったことに感心した宮崎は、電話をかけてお礼を伝えました。

同様に宮崎は、依頼した仕事を届けてくれた人にはあいさつをしたいし、時間があればお茶でも淹《い》れたい気持ちなのだと語っています。スタッフのなかにはこうした配慮ができない人もいて、激しい怒りをおぼえるとも話しています。

相手の職業によって自分の態度を変えることは絶対にしない。これが宮崎の考え方なのです。

WORDS OF HAYAO MIYAZAKI

# 71

## 戦争反対の意思を貫く

自分達が戦争に行くことはもうない。だから今はせめて、殺すとか殺されるのを手伝うような映画は作りたくない

▼『熱風』2006・6

宮崎駿は一貫して戦争反対の立場をとっています。

宮崎は１９４１年生まれなので、戦争中の記憶はほとんどありません。しかし、18歳くらいまでは父親に対して、「なぜ戦争に反対しなかったんだ」「なぜ軍需産業なんかやったんだ」という思いが澱《おり》のように積もっていたといいます。

以来、戦争のような「大嵐」がきたら、どうやって生きていけばいいのかと考えることがありました。

しかし、日本では平和な時代が長く続いたため、戦争に巻き込まれることはありませんでした。また、戦争になっても、宮崎自身はすでに徴兵されないような年齢になっています。それでも、戦争に加担するような映画はつくりたくないと考えていました。

では、そんな宮崎にとって零戦を設計した堀越二郎を描いた「風立ちぬ」はどのような映画だったのでしょうか。

宮崎は、それまでの零戦の物語には嘘が多く含まれていると考えていました。だからこそ「風立ちぬ」は、宮崎にとって本当の「堀越二郎」を取り戻すための物語だったのです。それは英雄の物語ではなく、戦争という極限状態で人がいかに生きるかという物語でした。

WORDS
OF
HAYAO
MIYAZAKI
72

# 「逃げる」のではなく「目撃者」になる

（東京でも震災は）必ず起きますよ。僕は逃げませんけど。だって目撃者になろうと思ってるんだから

▼『CUT』2011・9

日本は世界的に見ても自然災害の多い国だと言えるでしょう。

阪神淡路大震災や東日本大震災といった大きな地震とは別に、小さな地震は各地で頻繁に起こっていますし、近年は台風の被害なども規模が大きくなっているように思えます。

東日本大震災から4カ月余り過ぎた頃、宮崎駿は鈴木敏夫や庵野秀明と一緒に映画会を開催するために東北の被災地を訪ねています。

震災から1カ月ほどが経過して被災地を訪ねた庵野の話では、瓦礫《がれき》を片づけるパワーショベルの音はしていても、映画会にやってきた避難所の人たちは、きれいな格好をしていて、平和そのものだったといいます。

宮崎はそんな光景を見て、被災してもその事実を静かに受け入れ、生き続けようとする人たちの力を実感します。

宮崎自身、戦後になって焼け野原となった街を見ていますから、その光景と震災が重なったのかもしれません。

大災害を予測することはできませんが、いつか来ることは間違いない。

もし生きているうちに起きたなら、逃げるのではなく、目撃者でありたいというのが宮崎の思いです。

WORDS OF HAYAO MIYAZAKI 73

# どこまでも自分の主義を貫こう

もらえるか、もらえないか、わからないのに、テーブルを囲んで待ってるとか、ああいう嘘くさいことは嫌なんですよ

▼第62回ベネチア国際映画祭 記者懇談会

2024年3月、宮崎駿の10年ぶりの監督作品「君たちはどう生きるか」が第96回アカデミー賞長編アニメーション映画賞を受賞しました。第75回の「千と千尋の神隠し」以来二度目の受賞です。

しかし、前回と同様、宮崎は式典に欠席したため、受賞者としてスピーチをすることはありませんでした。

前回の欠席はイラク戦争への抗議であり、今回の欠席は長期移動による疲労を避けるためとも言われています。

なお、2002年に「千と千尋の神隠し」がベルリン国際映画祭のグランプリ（金熊賞）を受賞した際も欠席しています。

欠席の理由の一端をうかがわせるのが、第62回ベネチア国際映画祭で授賞式に出席したときの発言です。

もらえるかどうかわからないのに待たされるのは嫌だと語ったあと、「今回は『いただけることが決まってるなら、いただきに行きます』ということ」（第62回ベネチア国際映画祭 記者懇談会）と話しています。

式典に参加できるのは名誉なことですが、ずっと注目されるのは苦痛かもしれません。たとえ権威ある映画祭でも自分の思いをまっすぐ貫くところが宮崎流なのです。

WORDS OF HAYAO MIYAZAKI 74

# いくつになっても好奇心を持ち続ける

歳をとればとるほど、本当はどんどん出来なくなっていくはずなのに、どんどんやりたくなる

▼『ロマンアルバム　アニメージュスペシャル　宮崎駿と庵野秀明』

宮崎駿は70歳後半から「君たちはどう生きるか」の制作を開始、2023年の公開で同作を大ヒットさせ、二度目のアカデミー賞長編アニメーション映画賞を受賞しました。現在は80歳を超えていますが、変わらぬ健在ぶりを示しています。

宮崎はもともと、「僕は仕事を五十代で終わらせたかったんですよ」（『SIGHT』2002WINTER）と話しているように、60代前にすべての仕事にケリをつけたいと考えていました。

しかし、実際にはやりたいこと、やることが多すぎて、興味の対象が尽きなかったのでしょう。

ときに引退を匂わせながらも70代で「風立ちぬ」を制作、こちらも大ヒットさせています。

そんな旺盛な創作欲について、宮崎自身は1998年にこう話しています。

「歳をとればとるほど、本当はどんどん出来なくなっていくはずなのに、どんどんやりたくなる」（『ロマンアルバム　アニメージュスペシャル　宮崎駿と庵野秀明』）

宮崎は映画制作以外にもさまざまなことに関心を持ち、美術館や保育所の運営なども手掛けていますが、強い好奇心は年齢とは関係ないのかもしれません。

WORDS OF HAYAO MIYAZAKI 75

# 誰かの笑顔で自分を笑顔にする

人が楽しんで、喜んでくれたときに、自分も喜んでいる。喜んでいる自分を発見することで、こういう職業を続けていくことができる

▼「三鷹の森ジブリ美術館」スタッフへのあいさつ　2005・12・26

かつて、ある企業が「日本一たくさんの〝ありがとう〟をもらえる会社」になりたいという目標を掲げたことがあります。

企業の評価は売り上げや利益という考え方が一般的ですが、あえてお客さまからの感謝に価値を見出したのでしょう。

仕事をする以上、確かに「いくら稼ぐか」は重要な指標です。

その一方で、感謝や喜び、笑顔をどれだけ得られるかという視点は、私たちに新たな目標を与えてくれます。

宮崎駿はアニメーション映画をつくるだけでなく、三鷹の森ジブリ美術館や保育園の企画・運営も手掛けています。それらを通してわかるのは、「子どもが喜ぶ顔を見たい」という宮崎の思いです。

映画を制作する以上、興行収入や評価はもちろん重要ですし、最も気になるところでしょう。

しかし、宮崎にとっては、それ以上に「人に喜んでもらうこと」が一番大きなモチベーションになっているのです。

映画制作に限らず、あらゆることには表側からは窺い知れないようなさまざまな苦労があるものです。しかし、そんな苦労も、人が喜ぶ姿を見ることで報われます。人は誰かの笑顔や「ありがとう」のために仕事をしているのです。

WORDS OF HAYAO MIYAZAKI 76

# 「次の一手」を考えておく

やっぱり21世紀も20世紀と同じようにやっていけるというのは、間違いだなと思うんです

▼『CUT』2008・9

私たちは昨日と同じ明日がずっと続くと考えがちです。しかし、時に思いがけないことが起こり、そうではないことを思い知らされます。企業活動も同様で、ある日、突然、革新的なイノベーションが起きて、うまくいっていたものが古くなってしまうということがあります。

宮崎駿がアニメーションの世界に入って、間もなく60年です。「風の谷のナウシカ」の公開からは40年が経ちました。その過程でCGへの対応を迫られたり、「このまま、ファンタジーをつくっていていいのか?」と悩んだり、さまざまな煩悶がありました。

20世紀にうまくいっていた手法を、21世紀にも同じように採用していいのかという疑問を宮崎は抱いています。

もっとも、新しい方向に向かうとして、どちらに進めばいいのかはわからない。しかし、チームのトップとしては、自分で進むべき方向を決めなければいけない。そうした迷いのなかで成果を上げ続けてきたのが宮崎でした。

大事なのは、「次はどうするか」を常に考えて準備しておくことでしょう。そうすれば大きな時代の変化に対応することができます。変化の激しい現代だからこそ、この感覚は重要なものなのです。

WORDS OF HAYAO MIYAZAKI

# 77

## 理想をまっすぐに追い求める

（作品を見た子どもが）こんな人いないよ（中略）って言っても、そのときに「いないよね」って一緒に言うんじゃなくて、「不幸にして君は出会ってないだけで、どこかにいるに違いない」って僕は思うんですよ

▼『CUT』1990・1

映画やドラマで人間を描く場合、やたらと人間の醜さや薄汚さを強調する人もいれば、嫌な人に見えても、実際は「いい人だった」という展開で、善人を中心に描く人がいます。

今の時代、子どもたちも厳しい環境にいるだけに、善良な人や優れた人、立派な人を描いても、「こんな先生いないよね」「こんな人いないよ」「こんな親がいるはずない」と否定的な感想を口にするかもしれません。

こうした声に対して、宮崎は訳知り顔で「いないよね」と一蹴するのではなく、「知らないだけでどこかにはいるんだよ」と言いたいと語っています。

世の中には、悪意に満ちた大人がいます。もしかしたら、映画を観た子どもたちの親や先生のなかにもそういう人がいるかもしれません。

しかし、だから世の中にはろくな人間がいないと片付けるのではなく、偉い人はいるのだと説きたいのです。

たとえまわりにはいなくても、世の中には立派な人がいる。子どもたちにはそうした人たちが出てくる映画を届けたい。宮崎はそう考えています。そこには理想を大切にする宮崎の考え方が反映されているのかもしれません。

WORDS OF HAYAO MIYAZAKI

# 78

## 子どもたちの未来に関心を向ける

子供たちには三歳まではテレビを見せるなと周りの人には言っている。自分で考える機会を確実に奪ってしまうから

▼「日本経済新聞」2006・5・1

「最近のテレビを見ていると俺たちをアホにしようとしているようだ」と言ったのはアップルの創業者スティーブ・ジョブズです。宮崎駿もテレビに関しては否定的で、子どもたちには3歳までテレビを見せるべきではないと語っています。

宮崎のつくった映画は子どもたちにも大人気で、テレビで放送されるたびに高い視聴率を獲得しますし、DVDを繰り返し見る子もいます。

つくり手としてはありがたい話ですが、宮崎自身は「私の作品を見るのもいいけれど、一度見たら、山にでも行って、カブトムシなんかを捕ったりしてほしい」

（「日本経済新聞」2006・5・1夕刊）と、子どもたちがテレビばかり見ることを危惧しています。

テレビを見るのは楽しいことですが、基本的には「受け身」の娯楽なので、子どもたちが自分で考えたり、行動したりということはありません。

それよりも、外に出て実際に何かにふれたり、知らないことを聞いたりという体験をしなければ生きる力は身につかない。宮崎はそう考えています。

宮崎にとって、子どもたちがどう成長するかは、自分の映画と同じくらい大きな関心事なのです。

WORDS OF HAYAO MIYAZAKI 79

# 未来に希望が持てるものをつくる

僕らは、「この世は生きるに値するんだ」という映画をつくってきました。

▼『本へのとびら』

「生きるために食べよ、食べるために生きるな」は哲学者ソクラテスの言葉です（諸説あり）。

ピーター・ドラッカーが紹介したことで知られるようになった「3人の石工」の話ではありませんが、人は「何のために働くか」という目的次第で、その生き方ややりがいが大きく変わります。

人間というのはすべての人が善良なわけではなく、愚かな人間もたくさんいます。しかし、宮崎駿はそれを踏まえたうえで、あえて善良な人を描きました。

「人生はそれほど捨てたものじゃない」というテーマ、あるいは「この世は生きるに値する」というメッセージを伝える映画をつくってきたのです。

なかにはこうした考え方を「きれいごと」だと捉える人たちもいるでしょう。

しかし、宮崎のそうした姿勢を支えてきたのは「生活するために映画をつくるのではなく、映画をつくるために生活する」という考え方でした。

単に「お金のため」「生活のため」ではなく、今を生きる子どもたちがこの世界の未来に期待を持てるような映画をつくりたい。

このポジティブな発想こそが宮崎らしさなのです。

WORDS OF HAYAO MIYAZAKI 80

# 大変な時代でも子どもに希望を伝えよう

「子どもにむかって絶望を説くな」ということなんです

▼『本へのとびら』

宮崎駿が初めてアニメの本格的な演出を行ったのは「未来少年コナン」（1978年）でした。原作はアレグザンダー・ケイの『残された人びと』です。宮崎は「原作を変えてもいい」ということを条件に、演出を引き受けました。

不安や恐怖の上に成り立つ悲観的な原作が好きになれず、それを子ども向けの映画にしていいのか、という疑問があったからです。

大人に希望がないからといって、それを子どもに力説するのはくだらないと宮崎は考えました。原作とは異なるテレビアニメの設定は、「希望も生命力もないものは描きたくない」という宮崎の願望が色濃く反映されたものになっています。

アニメを見る子どもたちのことを念頭に置いて、「生まれてきてよかったねって言おう、言えなければ映画は作らない」（『虫眼とアニ眼』）というのが宮崎の思いでした。

今の子どもたちを取り巻く環境は決してベストとは言えません。しかし、それでもなお、「生まれてきてよかったね」とエールを贈るのが大人としての務めなのだ。宮崎はそう考えているのです。

宮崎はアニメーションを通して、子どもたちに希望を伝えたいのです。

## 「宮崎駿の言葉」参考文献

『出発点　〔1979～1996〕』
宮崎駿著、徳間書店

『折り返し点　1997～2008』
宮崎駿著、岩波書店

『風の帰る場所　ナウシカから千尋までの軌跡』
宮崎駿著、文藝春秋

『続・風の帰る場所　映画監督・宮崎駿はいかに始まり、いかに幕を引いたのか』
宮崎駿著、ロッキング・オン

『本へのとびら――岩波少年文庫を語る』
宮崎駿著、岩波書店

『虫眼とアニ眼』
養老孟司・宮崎駿著、新潮社

『時代の風音』
堀田善衛・司馬遼太郎・宮崎駿著、朝日新聞出版

『半藤一利と宮崎駿の腰ぬけ愛国談義』
半藤一利・宮崎駿著、文藝春秋

『スタジオジブリ物語』
鈴木敏夫編、集英社

『天才の思考　高畑勲と宮崎駿』
鈴木敏夫著、文藝春秋

『仕事道楽　新版　スタジオジブリの現場』
鈴木敏夫著、岩波書店

## 桑原　晃弥

くわばら　てるや

1956年、広島県生まれ。経済・経営ジャーナリスト。慶應義塾大学卒。業界紙記者などを経てフリージャーナリストとして独立。トヨタ式の普及で有名な若松義人氏の会社の顧問として、トヨタ式の実践現場や、大野耐一氏直系のトヨタマンを幅広く取材、トヨタ式の書籍やテキストなどの制作を主導した。一方でスティーブ・ジョブズやジェフ・ベゾスなどのIT企業の創業者や、本田宗一郎、松下幸之助など成功した起業家の研究をライフワークとし、人材育成から成功法まで鋭い発信を続けている。著書に『人間関係の悩みを消す　アドラーの言葉』『自分を活かし成果を出す　ドラッカーの言葉』（ともにリベラル社）、『スティーブ・ジョブズ名語録』（PHP研究所）、『トヨタ式「すぐやる人」になれる8つのすごい！仕事術』（笠倉出版社）、『ウォーレン・バフェット』（朝日新聞出版）、『トヨタ式5W1H思考』（KADOKAWA）、『1分間アドラー』（SBクリエイティブ）、『amazonの哲学』（だいわ文庫）などがある。

イラスト　宮島亜希
デザイン　宮下ヨシヲ（サイフォン・グラフィカ）
校正　秋山勝
DTP　尾本卓弥（リベラル社）
編集人　安永敏史（リベラル社）
編集　木田秀和・濱口桃花（リベラル社）
営業　津田滋春（リベラル社）
広報マネジメント　伊藤光恵（リベラル社）
制作・営業コーディネーター　仲野進（リベラル社）

編集部　中村彩
営業部　津村卓・澤順二・廣田修・青木ちはる・竹本健志・持丸孝

---

創造力の翼を広げる　**宮﨑駿の言葉**

---

2025年1月23日　初版発行

著　者　桑 原　晃 弥
発行者　隅 田　直 樹
発行所　株式会社 リベラル社
〒460-0008　名古屋市中区栄3-7-9　新鏡栄ビル8F
TEL 052-261-9101　FAX 052-261-9134
http://liberalsya.com
発　売　株式会社 星雲社（共同出版社・流通責任出版社）
〒112-0005　東京都文京区水道1-3-30
TEL 03-3868-3275
印刷・製本所　モリモト印刷株式会社

---

 ISBN978-4-434-35085-6　C0095

## 桑原晃弥の新刊

いくつになっても夢を追い続ける **やなせたかしの言葉**

2025年春のNHK朝ドラ「あんぱん」のモデル、やなせたかし。その人生は波乱万丈で、人気キャラクター「アンパンマン」がヒットしたのは69歳のときでした。お腹をすかせている子に自分の「顔」を食べさせる個性的なキャラクターはなぜ生まれたのか？　残された数々の言葉から、遅咲きの成功に隠されたドラマに迫ります。